心流叙事

管理模型研究

◎著

U0571465

PSL·巴黎九大
高级工商管理博士
UNIVERSITÉ PARIS DAUPHINE–PSL
Executive Doctorate In Business Administration

文库
LIBRARY

基于中国实践的管理理论
Management Theory Based on Chinese Practice

经济管理出版社
ECONOMY & MANAGEMENT PUBLISHING HOUSE

图书在版编目（CIP）数据

场域心流叙事及其收益管理模型研究/潘军著. —北京：经济管理出版社，2022.12

ISBN 978-7-5096-8853-3

Ⅰ.①场… Ⅱ.①潘… Ⅲ.①企业管理—营销管理—研究 Ⅳ.①F274

中国版本图书馆 CIP 数据核字（2022）第 248714 号

组稿编辑：高　娅

责任编辑：高　娅

责任印制：黄章平

责任校对：王淑卿

出版发行：经济管理出版社
　　　　　（北京市海淀区北蜂窝 8 号中雅大厦 A 座 11 层　100038）

网　　址：www. E-mp. com. cn

电　　话：（010）51915602

印　　刷：唐山玺诚印务有限公司

经　　销：新华书店

开　　本：720mm×1000mm/16

印　　张：9.5

字　　数：156 千字

版　　次：2023 年 6 月第 1 版　　2023 年 6 月第 1 次印刷

书　　号：ISBN 978-7-5096-8853-3

定　　价：88.00 元

·版权所有　翻印必究·

凡购本社图书，如有印装错误，由本社发行部负责调换。

联系地址：北京市海淀区北蜂窝 8 号中雅大厦 11 层

电话：（010）68022974　　邮编：100038

丛书总序

作为 PSL·巴黎第九大学校长，我很荣幸能受邀在高级工商管理博士（Executive DBA）中国项目"源于中国实践的管理思想"系列学术专著中撰写这篇序言，并诚挚感谢经济管理出版社帮助我们迈出这建设性的一步，即从"创造知识"向"传播知识"的跨越。

正如《管理百年》开篇所述："回顾管理思想和理论发展史，组织尤其是经济组织的演变与管理思想和理论的发展存在着互相促进的关系，而管理研究的进展又为新型组织的巩固提供了支持和保证，这种如影随形的互动关系是管理思想和理论演进的根本动力。"

时光荏苒，岁月如白驹过隙，在中国改革开放 40 多年和中法建交 60 周年之际，Executive DBA 中国项目以研究为导向，跨越了第一个十年，以发展"管理的中国思想"，成就"企业思想家"为己任，建立起了严谨求真的学术体系和质量框架，会聚了 30 余位来自中法两国顶尖学术机构、拥有深厚学术造诣且博学谦逊的一流师资队伍，以严格审慎的标准选拔了近 200 位杰出企业家学者从事管理实践研究，并已累计"生产"出 60 余篇优秀的博士毕业论文。论文主题涉及管理创新、商业模式、领导力、组织变革、战略管理、动态能力、跨文化管理、金融创新、风险管理、绩效管理、可持续发展等各个领域，现已逐步建立起项目博士文库。这些原创知识成果来源于实践，能直接或间接用于解决商业组织和社会中的重要问题，对中国、法国，乃至全世界都是弥足珍贵的。此次将这些原创知识进行公开出版，必将推动知识的传播与分享，为企业家和管理者处理管理实践问题提供新的有益借鉴。

毫无疑问，Executive DBA 中国项目的成功既是管理理论与实践螺旋式相互促进的成功案例，也是中法两国教育合作的典范，这不仅得益于企业家学者们严谨扎实的研究态度，还得益于中法两国项目管理者对于细节的极致追求和对项目使命的坚守。正是有着这样相得益彰的信任与合作，终使这一博士项目坚强地挺过三年新冠阴霾而继续扬帆远航。没有对学术一丝不苟孜孜不倦的教授团队,没有对研究全神贯注、废寝忘食的学生,以及项目运营团队群策群力、万众一心的支持,这样硕果累累的国际合作将无法实现。我们所携手创造的不仅仅是一个简单的国际合作,而是创造了国际项目合作中如何驾驭和克服不确定性与处理突发情况的典范!

成功还得益于 Executive DBA 项目尊重与强调的独特价值观。首先,我们特别强调反思性管理中实践与研究的联系,这促使兼具管理者身份的同学们逐渐成长为服务于其组织的"企业家学者",学会像学者一样思考问题,像科学家一样探究事物本质。其次,中欧国际间纷繁多元的思维与文化通过本项目激发出灿烂的碰撞与融合,给予同学们在更宽广的平台上将多种价值观去粗取精和有机融合的机会。在此基础上,同学们得以在全球范围内探索并理解在管理和经营上的前沿议题与最新挑战,并开展深入研究。基于我们的深厚积淀,以及对未来管理研究发展趋势的把握,PSL·巴黎第九大学的教授们联合清华大学、北京国家会计学院教授们,致力于通过 Executive DBA 项目帮助同学们建立起全球和本土视野间的理想平衡。同时,我们更期待能够共同建立起一种反思性对话,摸索并建立起桥接理论和实践经验的新途径。

最后,在经济管理出版社的大力支持下,在中法学术委员会的领导下,我们推出了"基于中国实践的管理思想"学术专著的系列丛书,为本项目同学们提供了绝佳的出版机会。我相信任何对金融、战略、经济、电子商务、供应链、生产、人工智能、人力资源、研发等领域感兴趣的读者、研究员和专家们都将受益于这套系列丛书,并从中发展和深化管理方面的实践知识和概念知识。这美好的成功与分享离不开支持我们的所有人。

我祝愿 Executive DBA 项目系列丛书的出版与发行取得圆满成功,我也坚信未来会有更多优秀的研究来将它变得更加完善与充实!

El Mouhoub MOUHOUD

PSL·巴黎第九大学校长

推荐序一

何为体验营销？

它指的是，企业营造一种氛围、设计一系列事件，促使顾客变成其中的一个角色尽情"表演"，而顾客在"表演"过程中将会因为主动参与而产生深刻、难忘的体验，进而为获得的体验向企业产生让渡价值的营销方式。

其核心就是为客户提供满意的产品和服务的同时，从生活与情景出发，使顾客在购买和消费过程中获得一种能够触动内心的、个性化的、有价值的感官体验、思维认同和感情满足，实现一种新的自我价值。

曾预测了"第三次浪潮"到来的阿尔文·托夫勒在很久之前就曾预言：服务经济的下一步是走向体验经济，人们会创造越来越多的与体验有关的经济活动，商家将靠提供体验服务取胜。时至今日我们不难发现，数字化背景下，随着商品趋于同质化、消费者群体日渐多元化，我们的商业市场迎来了"人人皆可创意，事事皆可创作"的时代，但随之而来的传统营销模式在激烈的市场竞争环境中表现得愈加"力不从心"，商业营销需要新的模式与路径。

"要实施一个体验式营销，要考虑目标顾客，包括他们的喜好、行为、价值观，要考虑你的产品，包括产品的质量和功能、品牌的知名度和美誉度、产品的销售情况。"它关乎品牌与消费者之间的互动、参与和活动，目的在于能够有效且直接地吸引消费者，鼓励他们参与品牌倡导的理念，伴随其成长。时至今日，甚至还可以说，"体验"已经变成了一种可以直接销售的经济商品。

因此，对体验营销企业而言，若想实现长久生存与发展，应在深刻把握客户需求的基础上，寻求新的、符合时代的体验式营销策略。

《场域心流叙事及其收益管理模型研究》这本书是在当下众多混合体验营销模型中尤为贴合数字化背景下体验营销企业的实用"工具"，颇具现实指导意义，理应被更多企业和企业家们看到。

本书是由国内知名创意体验营销服务企业中嘉集团（BRANDX）创始人潘军博士撰写。在总结了从业25年的经历和长期体验营销实操经验的基础上，潘军博士通过整合实际案例经验提出了一套体验式营销叙事方法论——"场域心流叙事"。本书具有以下特点：

不同于传统的营销理论，本书提出的"场域心流叙事"营销方法论通过提炼品牌的主情感，串联情感路线图，以数字、技术为手段，借助物理与虚拟场域的融合，构筑出具有心流体验感的混合场域，给予消费者全方位、沉浸式的体验，并在此场景下实现体验营销的触达及收益。

巧妙结合传统媒介与数字化技术，将消费者作为一名"角色"，再围绕角色给予充分的场景设定，运用多维度的手法，穿越时间和空间的障碍，全方位去"定义"消费者在物理世界中的一切认知。把主导权掌握在消费者自己手中，自由地去"编织"体验者的五感，来贴合其当下的情感，在相互矛盾交织的过程中，达到与消费者的情感共鸣。这对于当前数字背景下的市场来说，如同加了瞄准器，确保每次"箭不虚发"。同时在这一过程中滋生出无穷尽的新信息的触点，使体验营销信息的载体突破了传统媒介，创作出服务体验营销的新渠道。这不光增加了消费者获得信息的入口，同时也有利于体验营销企业的收益管理，最大程度降低营销成本，为企业的竞争与发展带来优势。

未来，沉浸式体验营销是每个企业都要去学习和使用的。伴随着数字科技的迅猛发展，消费者在消费过程中会更加注重体验，这就要求企业不仅能站在消费者的感官、情感、思考、行动和关联五方面，设计营销的思考方式，更要能让消费者直接参与到整体营销环节中来，达成产品与人、品牌与人之间更为深度的互动。

场域心流叙事由真实营销案例总结而出，具有无限塑造性的意识形态，能够友好、包容地适应多变的项目类型。潘军博士以多角度、辩证地讲解了这套方法的应用过程。本书理论与实践密切结合，案例生动有趣，为创意策划者、设计者、应用者们的实操提供了一把"万能钥匙"。

清华大学自动化系长聘教授

国家 CIMS 工程技术研究中心副主任

范玉顺

推荐序二

　　我从事精益管理研究和实践将近有 30 年了，历经了众多行业的精益管理实践，包括制造业、工程建筑业、金融保险业、服务业等。接触体验营销行业是从潘军博士的中嘉集团（BRANDX）开始的，中嘉集团成立于1998 年，是一家国际一流的品牌体验营销公司及定制化的沉浸体验内容公司，服务的都是世界著名的企业和品牌，如历峰集团、开云集团、欧莱雅集团、雅诗兰黛、资生堂、爱茉莉等。

　　体验营销指的是通过看、听、用、参与的手段，充分刺激和调动消费者的感官、情感、思考、行动、联想等感性因素和理性因素，重新定义、设计的一种思考方式的营销方法。无论是什么企业，从经营的角度来说，企业首先必须要有获取收益生存下去的能力，所以体验营销企业收益管理成为本书探讨的主题，而且要在数字化背景下，寻找一种适用于体验营销企业收益管理的模型。企业获取收益必须建立在客户满意的基础上，如何在体验营销行业日趋激烈的竞争中赢得客户满意，近年来潘军博士带领团队进行了积极的探索，形成了一套体验式营销叙事方法论——"场域心流叙事"。在场域心流叙事理论加持下的体验营销，作为一种区别于以往传统的商业模式，完美适应了新时代的顾客特征。其形式新颖多样，能够向顾客提供更为全面的体验，创造更多的顾客价值，令顾客在更高层次上获得满意，并且形成非常高的顾客忠诚度。

　　在场域心流叙事方法论的引领之下，中嘉集团（BRANDX）自 2018 年底开始进军沉浸式互动体验艺术 IP 展览领域，进行自主 IP 打造，以海洋为主题的"深蓝"展览，已在国内多个城市，如北京、上海、厦门、杭州、重庆等升级落地，并且有更多新的 IP 主题逐步解锁中。

　　本书整合了潘军博士及其企业团队多年研究的实际项目案例经验编写而成。特别是在最后一章对场域心流叙事的具体应用案例做了分析，通过美妆类、高奢类、IP 展三类共 6 个案例分析场域心流叙事在其中的具体应用。并且将体验营销企业收益管理和场域心流叙事有效结合，为体验营销企业的创新变革及高效运营管理机制的探索和发展指明了方向。本书是一本为广大从事体验营销行业人员提供指导和帮助的理论与实践相结合的好书。

天津大学管理与经济学部教授、博士生导师
天津市精益管理创新学会副理事长
牛占文

自　序

在商品趋于同质化、消费者群体日渐多元化的商业环境中，传统营销模式在激烈的市场竞争环境中表现得愈加"力不从心"，企业主（或广告主）对传统营销方式的依赖也日益趋弱。据调研显示，如今传统的营销模式很难获得顾客，即使作为线上顾客众多的O2O行业，顾客的不断流失也是企业所面临的难题。为顾客创造优质的体验价值是企业竞争优势的根本所在，我们必须寻求新的营销模式。

那如何破解这一困局？有句话是这么说的："谁赢得顾客，谁就赢得了市场。"可要想赢得顾客，就必须使顾客满意，要使顾客满意就必须能更好地满足顾客需要。对体验营销型企业来说，需要时刻以向顾客提供有价值的体验为主旨，力图通过满足消费者的体验需要而达到吸引和保留顾客、获取利润的目的。

然而在实践中，一些体验营销企业即便拥有数量可观的专业人才与丰富的创作经验，不乏过往成功的体验营销案例，但其生存现状却与预期状态大相径庭。造成这一现象的主要原因之一便是，由于体验营销企业缺少一种适用于自身的收益管理模型，以及推进项目发展的理论基础，从而难以实现对企业运营过程中的收益进行科学、有效的管理。体验营销企业并行开展项目的数量与种类较多，不同项目在执行过程中的管理成本不同，客户企业营销（包括各个营销阶段）预期目标、预算，以及项目执行的环境等的差异性，都造成了各项目对体验营销企业收益的贡献及管理方式不尽相同，而这些无疑加大了体验营销企业实施收益管理的难度与必要性。

因此，基于数字化背景，寻找一种适用于体验营销企业收益管理的特殊模型，已成为体验营销企业实现业务运行过程收益最大化的明显的必要条件。基于此，中嘉集团（BRANDX）将过往成功案例进行归纳，形成了一套体验式营销叙事方法论：通过提炼品牌主情感，串联情感路线图，以数字、技术为手段，以立体结构+体验+五感塑造出"矛盾交织"的情境，借助物理与虚拟场域的融合，构筑出具有心流体验感的混合场域叙事方法，即"场域心流叙事"。

以技术去加持普通场域，推动场域叙事，对不同的时间、地点进行虚与实的叠加、耦合、错位、嫁接，以获得超现实的时空感受，形成临场感，给广大消费者带来了强烈的沉浸式体验感，并融入了互动的内容，增强了趣味性，提升了消费者的购买欲望和满足感，同时对品牌而言直接提高了产品销售价值。

场域心流叙事理论从诞生到如今，已在众多实际项目应用中被验证，对数字化背景下的体验营销企业的收益管理具有重要的实践意义。它结合传统媒介与数字化技术，滋生出新触点，是一种具有无限塑造性的意识形态，能够友好、包容地适应多变的项目类型，如水入器般巧妙契合多类体验营销项目，为企业主带来强有力的营销优势。以科学、严谨的营销管理过程为基础，在与各种营销组合工具密切配合的过程中，品牌故事深入人心，占据心智的同时达成转化目标，品牌达到促进销售、占领市场等目的；企业主也因此得到直观的销售额增长，实现体验营销企业收益最大化。而对于消费者而言，在特定场域中得到良好、舒适的情感体验，震撼五感，沉浸其中，收获从未有过的新奇体验。总而言之，客户企业、体验营销企业、消费者三方之间的博弈，因为场域心流叙事的加入，让这三方均达到自身收益最大化。

例如，在"江诗丹顿 Maison 1755 时间艺术'家'"案例中，中嘉集团携手"海上第一名园"的百年张园，在张园这栋四层历史建筑中，为拥有悠长制表历史的江诗丹顿品牌华丽打造了在中国规模最大的沉浸式体验空间。在数字媒体技术的加持下，联合物理场域与虚拟场域，将不可触摸的时间具象化，江诗丹顿的百年匠心文化有了流动且具象的表达；并借助机械结构、芯片识别、技术识别、互动投影等互动技术，以及艺术装置的使用，让过去与未来至此连接，模糊虚拟界限，呈现给消费者一场跨越时间和空间的非凡体验。在实际体验交互中，加深消费者内心对品牌理念的感知与理解，唤起情感共鸣，完成品牌对消费者的心智占领，从而愉悦地达成品牌方、企业在活动中的传播目标，因此在实践项目中颇有成效。

在数字化背景下，体验营销信息的载体早已突破传统媒介，整合多元化渠道并进行传播，结合传统媒介与数字化技术，从而滋生出的新信息触点，已成为服务体验营销的传播新渠道。一切商业行为最终还是要回归到人，品牌若想实现长久生存与复购，社交感与体验感缺一不可。而作为当下的营销新方向，沉浸式体验营销为大众带来了许多惊喜，为品牌建立真实可触的需求场景，让消费者获得身临其境的体验，也让更多的艺术作品、创意设计有了与大众见面和交流的机会。

而在场域心流叙事理论加持下的体验营销，作为一种区别于过去传统的商业模式，完美适应了新时代的顾客特征。其形式新颖多样，能够向顾客提供更为全面的体验，创造更多的顾客价值，令顾客在更高层次上获得满意，并且形成非常高的顾客忠诚度，值得作为一个新的营销模式去应用和学习。

因此，在体验营销不断发展中推出的这本"场域心流叙事"，结合笔者及企业团队多年研究的实际项目案例经验编写而成，希望总结近年来在这一领域所做的工作，并不断将这一研究向前推进，继续结出新的成果。自然，其中也包含借此机会获得业界同人批评指正的殷切希望，以使这一理论更为扎实，更为合理。全书共分为六章，第一章介绍了市场营销的发展之路，内容包括中国市场营销起源与发展过程、市场营销策略体系的建立；第二章介绍了体验营销与场域心流叙事理论，内容包括体验与体验营销、场域心流叙事理论；第三章对体验营销企业做了相关概述，内容包括体验营销项目种类与特征、体验营销企业的任务与收益，以及收益管理的相关理论基础；第四章介绍了影响体验营销收益的因素，对其进行了定性与定量分析，并分析研究了体验营销企业收益管理的主要考虑因素；第五章聚焦体验营销企业收益管理模型，内容包括模型构建的理论与方法、动态博弈模型构建及不同类项目收益管理模型；第六章则对场域心流叙事理论具体应用案例做了分析，通过美妆类、高奢类、IP 展三类共 6 个案例分析场域心流叙事在其中的具体应用，分析体验营销企业的收益管理影响。本书旨在促进体验营销企业相关理论、实施方法的深入研究与应用，以及在数字化背景下如何科学管理体验营销企业的收益，达到可持续发展提出建设性意见。同时，希望带给数字背景下的体验营销企业一些启发，以及为广大从事体验营销行业人员提供参考和帮助。

前言

    在商品趋于同质化，消费者群体日渐多元化的商业环境下，传统的营销模式在激烈市场竞争环境中表现得愈加"力不从心"；企业主（或广告主）对传统营销方式的依赖也日益趋弱。那如何破解这一困局？有句话是这么说的："谁赢得顾客，谁就赢得市场。"可要想赢得顾客就必须使顾客满意，要使顾客满意就必须能更好地满足顾客需要，此时体验营销应运而生。体验营销是指企业营造一种氛围，设计一系列事件，以促使顾客变成其中的一个角色尽情"表演"，而顾客在"表演"过程中将会因为主动参与而产生深刻难忘的体验，从而为获得的体验向企业产生让渡价值。体验营销以向顾客提供有价值的体验为主旨，力图通过满足消费者的体验需要而达到吸引和保留顾客、获取利润的目的。在这一过程中，消费者将得到良好、舒适的品牌体验，进一步加深对品牌的认知与了解；企业主也将得到直观的销售额增长。因此，企业应在深刻把握消费者所需体验的基础上，制定相应的体验营销策略，并通过多种方式向消费者提供体验。

    据调研显示，如今传统的营销模式很难获得顾客，即使作为线上顾客众多的O2O行业，顾客的不断流失也是企业所面临的难题。为顾客创造优质的体验价值是企业竞争优势的根本所在，然而，运用传统的广告进行商品推广已经不能很好地吸引顾客，必须寻求新的营销模式。《体验式营销》一书中提出：消费者兼具理性与感性，研究消费行为与企业品牌经营的关键是将重点放到消费前、消费时、消费后的体验，并且指出增强企业竞争力的最好方法就是在企业经营中运用体验式营销，而且对于未来开拓市场的企业来说这将成为一个新法则。在过去，传统企业往往通过大规模的市场投放和传统广告来实现市场占有率提升，宝洁就是靠这种方式做大做强的，现在仍然被许多公司所采用。但是星巴克走的却是另外一条路，那就是用体验来反向运作，即感观体验、情感体验和服务体验，而这一体验式营销的使用，使其占尽了市场先机。通过建立一个与消费者同样角度的沟通平台，尽管每个人的体验不总是相同的，企业与目标顾客开展最大程度上的沟通，发掘顾客内心的需求，让消费者保持对产品的渴望状态，堪称典范。

体验式营销创造吸引消费者的元素，由体验来发掘、创造消费者需求，专注于留住消费者的方法。与此同时，近年来，中国愈加重视自有品牌建设，也为体验营销企业带来了新的发展机会与空间。改革开放以来，中国经济迅速发展，中国品牌越来越多，企业主的品牌意识也越来越强烈。但从全球范围来看，中国品牌的优势却不十分明显。2017年与2018年，中国品牌在Brand Finance品牌咨询公司所公布的"全球最具价值品牌企业排行榜"中表现欠佳：在2017年排名前十的品牌中，有八家来自美国企业，一家来自韩国企业，仅一家来自中国企业；在2018年的全球排名前十中，七家来自美国企业，一家来自韩国企业，一家来自德国企业，一家来自日本企业，中国企业品牌未出现在前十名的榜单中。在这样的形势之下，推动和实施品牌建设、扩大中国品牌在全球范围内的影响不仅是重要的，而且是迫切的。体验营销作为一种区别于传统的商业模式，形式新颖多样，能够向顾客提供更为全面的体验，创造更多的顾客价值，令顾客在更高层次上满意，并且形成较高的顾客忠诚度，它完美适应了新时代的顾客特征，已成为新的价值营销模式。

全球范围内数字化技术的进步为体验营销的发展提供了便利的技术支撑，帮助延伸与拓宽了体验营销链条，与此同时，也催生出众多的新模式与新路径。在数字化背景下，体验营销信息的载体早已突破传统媒介，整合多元化渠道并进行传播，结合传统媒介与数字化技术，从而滋生出新的信息触点，已成为服务体验营销的传播新渠道。数字化技术的进步与发展，不仅拓宽了消费者获得信息的渠道，也在一定程度上降低了体验营销企业的营销成本。

由此可见，无论是经济环境、市场环境还是技术环境（数字化技术环境），当下都十分有利于体验营销企业的生存与发展。然而在实践中，一些体验营销企业拥有可观数量的专业人才与丰富的创作经验，也不乏成功的体验营销案例，但是这些企业的生存现状却与预期状态大相径庭。造成这一现象的主要原因之一是，体验营销企业缺少一种适用于其自身的收益管理模型，以及推进项目发展的理论基础，从而难以实现对企业运营过程中的收益进行科学、有效的管理。此外，客户企业、目标消费群体、市场环境等都是影响体验营销企业收益的复杂因素。体验营销企业并行开展项目的数量与种类较多，不同项目在执行过程中的管理成本不同，客户企业对营销（包括各个营销阶段）的预期目标、预算以及项目执行的环境等的差异性，造成了各项目对体验营销企业收益的贡献以及管理方式的不尽相同，而这些无疑加大了体验营销企业实施收益管理的难度与必要性。因此，基于数字化背景，建立一种适用于体验营销企业收益管理的特殊模型，已成为体验营销企业实现业务运行过程中收益最大化的必要条件。

以数字技术为手段，以立体结构＋体验＋五感塑造出的"矛盾交织"的情境，借助物理与虚拟场域的融合，构筑出具有心流体验感的混合场域。这便是由国内知名创意体验营销服务企业——中嘉集团创造的一套体验式营销叙事方法论。

由过往已经成功的案例归纳得出，这是一种具有无限塑造性的意识形态，能够友好、包容地适应多变的项目类型，如水入器般巧妙契合多类体验营销项目，为企业主带来强有力的营销优势。

基于此，本书欲探索并建立一种适用于数字化背景下体验营销企业的收益管理模型，为体验营销企业的营销项目开展全过程、企业日常运营全过程提供科学的收益管理模型，以及一些合理化的管理建议，这具有重要的理论与实践意义。同时，将场域心流叙事延展到体验营销企业项目的管理中，通过具体实践案例，探讨收益管理模型的实际应用，科学管理体验营销企业的收益，使体验营销企业可持续发展。因此，本书拟通过研究实现以下目的：

（1）明确影响体验营销企业收益的主要因素，包括巡展类项目、店装类项目和活动类项目的共性因素和特征因素。在为后续针对各种数字化项目建立相应的收益管理模型提供依据的同时，让体验营销企业明确不同类型的项目应该匹配不同的资源，各类项目的影响因素有所不同。

（2）明确体验营销企业巡展类、店装类、活动类项目的收益管理模型，即通过研究针对巡展类、店装类、活动类项目，分别构建巡展类项目收益管理模型、店装类项目收益管理模型和活动类项目收益管理模型，为体验营销企业提高收益能力提供参考。

（3）通过研究结果指导场域心流叙事理论进行美妆类项目、高奢类项目、IP 展类项目的实施，同时进行具体的项目案例分析，在数字加艺术结合的视角下，给体验营销企业带来一些启发。

目录

第
一
章

市场营销的发展之路

第一节　中国市场营销起源和发展过程

中华人民共和国成立之前，我国虽曾对市场营销学有过一些研究（当时称"销售学"），但也仅限于几所设有商科或管理专业的高等院校。1949～1978 年，除了台湾和港澳地区的学术界、企业界对这门学科已有广泛的研究和应用外，在整个中国大陆，市场营销学的研究一度中断。在这长达 30 年的时间里，国内学术界对国外市场营销学的发展情况知之甚少。党的十一届三中全会以后，党中央提出了对外开放、对内搞活的总方针，从而为我国重新引进和研究市场营销学创造了有利的环境。1978 年，北京、上海、广州的部分学者和专家开始着手市场营销学的引进研究工作。虽然当时还局限在很小的范围内，而且在名称上还称为"外国商业概论"或"销售学原理"，但在市场营销学的引进上迈出了第一步。经过十几年的时间，我国对于市场营销学的研究、应用和发展已取得了可喜的成绩。从整个发展过程来看，大致经历了以下几个阶段（罗国民，2000；李子婕，2017；王永贵等，2019）：

一、引进时期（1978～1982 年）

在此期间，通过对国外市场营销学著作、杂志和国外学者讲课的内容进行翻译介绍，选派学者、专家到国外访问、考察、学习，邀请外国专家和学者来国内讲学等方式，我国系统介绍和引进了国外市场营销理论。但是，当时该学科的研究还局限于部分大专院校和研究机构，从事该学科引进和研究工作的人数还很有限，对于西方市场营销理论的许多基本观点的认识也比较肤浅，大多数企业对于该学科还比较陌生。然而，这一时期的努力毕竟为我国市场营销学的进一步发展打下了基础。

二、传播时期（1983～1985 年）

经过前一时期的努力，全国各地从事市场营销学研究、教学的专家和学者开始意识到，要使市场营销学在中国得到进一步的应用和发展，必须成立各地的市场营销学研究团体，以便相互交流和切磋研究成果，并利用团体的力量扩大市场营销学的影响，推进市场营销学研究的进一步发展。

1984 年 1 月，全国高等综合大学、财经院校市场学教学研究会成立。在以后的几年时间里，全国各地各种类型的市场营销学研究团体如雨后春笋般成立。各团体在做好学术研究和学术交流的同时，还做了大量的传播工作。例如，广东市场营销学会定期出版了会刊《营销管理》，全国高等综合大学、财经院校市场学教学研究会在每届年会后都向会员印发了各种类型的简报，各团体分别举办了各种类型的培训班、讲习班，有些还通过当地电视台、广播电台举办了市场营销学的电视讲座和广播讲座。通过这些活动，既推广、传播了市场营销学知识，又扩大了学术团体的影响。在此期间，市场营销学在学校教学中也开始受到重视，有关市场营销学的著作、教材、论文在数量上和质量上都有了很大的提高。

三、应用时期（1986~1988 年）

1985 年以后，我国经济体制改革的步伐进一步加快，市场环境的改善为企业应用现代市场营销原理指导经营管理实践提供了有利条件，但各地区、各行业的应用情况又不尽相同，具体表现为：①以生产经营指令性计划产品为主的企业应用得较少，以生产经营指导性计划产品或以市场调节为主的企业应用得较多、较成功；②重工业、交通业、原材料工业等和以经营生产资料为主的行业所属的企业应用得较少，而轻工业、食品工业、纺织业、服装业等以生产经营消费品为主的行业所属的企业应用得较多、较成功；③经营自主权小、经营机制僵化的企业应用得较少，而经营自主权较大、经营机制灵活的企业应用得较多、较成功；④商品经济发展较快的地区（尤其是深圳、珠海等经济特区）的企业应用市场营销原理的自觉性较高，应用得也比较好。在此期间，多数企业应用市场营销原理时，偏重于分销渠道、促销、市场细分和市场营销调研部分。

四、扩展时期（1989~1994 年）

在此期间，无论是市场营销教学研究队伍，还是市场营销教学、研究和应用的内容，都有了极大的扩展。全国各地的市场营销学学术团体改变了过去只有学术界、教育界人士参加的状况，开始吸收企业界人士参加，其研究重点也由过去的单纯教学研究，改为结合企业的市场营销实践进行研究。全国高等综合大学、财经院校市场学教学研究会也于 1987 年 8 月更名为中国高等院校市场学研究会。学者们已不满足于仅仅对市场营销一般原理的教学研究，而对其各分支学科的研究日益深入，并取得了一定的研究成果。在此期间，市场营销理论的国际研讨活动进一步发展，这极大地开阔了学者们的眼界。1992 年春，邓小平南方谈话以后，学者们还对市场经济体制的市场营销管理，中国市场营销的现状与未来，跨世纪中国市场营销面临的挑战、机遇与对策等重大理论课题展开了研究，这也有力地扩展了市场营销学的研究领域。

五、国际化时期（1995 年至今）

1995 年 6 月，由中国人民大学、加拿大麦吉尔大学和康克迪亚大学联合举办的第五届市场营销与社会发展国际会议在北京召开。中国高等院校市场学研究会等学术组织作为协办单位，为会议的召开做出了重要的贡献。来自 46 个国家和地区的 135 名外国学者和 142 名国内学者出席了会议。25 名国内学者的论文被收入《第五届市场营销与社会发展国际会议论文集》（英文版），6 名中国学者的论文荣获国际优秀论文奖。从此，中国市场营销学者开始全方位、大团队地登上国际舞台，与国际学术界、企业界的合作进一步加强。数据库营销、网络营销、关系营销、社会营销、创意营销等营销方法在 20 世纪末应运而生，进一步扩大了我国营销市场。

第二节　市场营销体系的建立

营销是一门"艺术"和"科学"结合的学科，它既有惯例化的模式，又需要创造性的灵感。市场营销是在创造、沟通、传播和交换产品中，为顾客、客户、合作伙伴以及整个社会带来价值的一系列活动、过程和体系。市场营销策略是企业以顾客需要为出发点，根据经验获得顾客需求量以及购买力的信息、商业界的期望值，有计划地组织各项经营活动，通过相互协调一致的产品策略、价格策略、渠道策略和促销策略，为顾客提供满意的商品和服务而实现企业目标的过程。营销是为客户提供满意的商品和服务的过程，市场营销策略的建构是制定一个相互作用的过程、形成创造和反复应用的过程等（周鸿铎，1998）。

市场营销（营销）又称"市场学"、"市场行销"或"行销学"，涉及关于企业如何发现、创造和交付价值以满足目标市场的需求，同时获得利益的过程。美国市场营销协会（1985）定义现代市场营销为个人（或组织）对构想（或主意、计策）、货物和服务的计划、定价、促销和分销进行计划与实施的过程。菲利浦·科特勒曾指出，市场营销的职能是辨识未被满足的需求，定义并度量目标市场的规模和利润能力，以找到适合企业进入的细分市场，以及适合该细分市场的市场供给品（产品、服务、计划），以便为目标市场服务（杨洁，2011；魏立尧和陈凯，2005）。

市场经济发展到今天，由于经济规模不断地扩大，已经进入到知识经济时代和激烈的市场竞争时代。从19世纪末到现在，营销的发展经历了漫长的过程，营销策略体系可以总结为"4Ps（6Ps，10Ps）—4Cs—4Rs"，即从以生产为中心的4Ps营销策略（6Ps称为战术性营销组合，具有战略性要素和战术性要素的为10Ps营销策略），到以顾客需求为焦点的4Cs营销策略，再到以竞争为导向、注重双赢关系的4Rs营销策略。营销策略体系如表1-1所示。

表1-1　营销策略体系

时间	名称	内容	学者	理论重点
1960年	4Ps	产品（Product）、渠道（Place）、价格（Price）、促销（Promotion）	杰罗姆·麦卡锡（E. J. McCarthy）	以生产为中心
1986年	6Ps	4Ps+政治权力（Policy Power）、公共关系（Public Relations）	菲利浦·科特勒（Philip Kotler）	主要应用于实行贸易保护主义的特定市场
1986年	10Ps	6Ps+探查（Probing）、划分（Partitioning）、优先（Prioritizing）、定位（Positioning）	菲利浦·科特勒（Philip Kotler）	根据企业的外部环境和内部经营要素来决定企业的战略目标，为企业指明前进的方向
20世纪80年代中期	4Cs	顾客（Customer）、成本（Cost）、沟通（Communication）、便利（Convenience）	罗伯特·劳特朋（Robert Lauterborn）	以消费者需求为导向
2001年	4Rs	关系（Relationship）、反应（Reaction）、关联（Relevancy）和回报（Rewards）	唐·舒尔茨（Don Schultz）	以竞争为导向、注重"双赢"关系

一、大市场营销策略（6Ps 营销理论）

20 世纪 80 年代以来，世界经济走向滞缓发展，市场竞争日益激烈，政治和社会因素对市场营销的影响和制约越来越大。这就是说，一般营销策略组合的 4Ps 不仅要受到企业本身资源及目标的影响，而且受企业外部不可控因素的影响和制约。一般市场营销理论只看到外部环境对市场营销活动的影响和制约，而忽视了企业经营活动也可以影响外部环境。另外，克服一般营销观念的局限，大市场营销策略应运而生。1986 年，美国著名市场营销学家菲利浦·科特勒教授提出了大市场营销策略，在原 4Ps 组合的基础上增加两个"P"，即政治权力（Policy Power）和公共关系（Public Relations），简称"6Ps"，6Ps 组合主要应用于实行贸易保护主义的特定市场。

科特勒认为，企业能够而且应当影响自己所在的营销环境，而不应单纯地顺从和适应环境。国际国内市场竞争都日趋激烈，在各种形式的政府干预和贸易保护主义再度兴起的新形势下，要运用政治力量和公共关系，打破国际或国内市场上的贸易壁垒，为企业的市场营销开辟道路。同时，他还发明了一个新的单词"Mega Marketing"（大市场营销），来表示这种新的营销视角和战略思想。

二、战略营销组合的优化（10Ps 营销理论）

1981 年，Booms 和 Bitner 提出了服务营销的 7Ps 组合理论，即在原来 4Ps 的基础上增加实体证明（Physical Evidence）、标准化流程（Process）、人（People）。

1986 年 6 月 30 日，科特勒在我国对外经贸大学的演讲中，又提出在大营销的 6Ps 之外，还要加上战略 4Ps，即探查（Probing）、划分（Partitioning）、优先（Prioritizing）、定位（Positioning）；20 世纪 90 年代初，他把原来大营销的 6Ps 组合理论再加入战略营销的 4Ps，形成了一个比较完整的 10Ps 营销组合理论。

市场营销战略管理的实质是根据企业所处的外部环境和企业本身的内部经营要素来决定企业的战略目标，为企业指明前进的方向。企业必须从战略的高度来确定企业经营活动的方向、中心及重点，优化战略营销组合，并在市场营销战略的指导下，制定合理的战术性营销组合。市场营销战略组合包括战略性要素和战术性要素。科特勒认为，只有在搞好战略营销计划过程的基础上，战术性营销组合的制定才能顺利进行。因此，为了更好地满足消费者的需要，并取得最佳的营销效益，营销人员必须精通产品（Product）、渠道（Place）、价格（Price）和促销（Promotion）四种营销战术。为了做到这一点，营销人员必须事先做好探查（Probing）、划分（Partitioning）、优先（Prioritizing）和定位（Positioning）四种营销战略，具体如表1-2所示，同时还要求营销人员必须具备灵活运用公共关系（Public Relations）和政治权力（Politics Power）两种营销技巧的能力，这就是科特勒的10Ps理论。

科特勒10Ps理论的形成与发展对整个市场营销理论的发展做出了杰出的贡献，也为企业市场营销分析奠定了较为完整的理论基础，这在营销理论发展史上必将留下光辉的一笔。

表1-2 10Ps中4P战略营销的内容

名称	内容
探查（Probing）	在营销学上，"Probing"实际上就是市场营销调研（Marketing Research），其含义是在市场营销观念的指导下，以满足消费者需求为中心，用科学的方法，系统地收集、记录、整理与分析有关市场营销的情报资料，比如市场由哪些人组成，市场是如何细分的，都需要些什么，竞争对手是谁以及怎样才能使竞争更有效等，从而提出解决问题的建议，确保营销活动顺利地进行。市场营销调研是市场营销的出发点。"真正的市场营销人员所采取的第一个步骤，总是要进行市场营销调研"
划分（Partitioning）	实际上就是市场细分（Market Segmentation），其含义是根据消费者需要的差异性，运用系统的方法，把整体市场划分为若干个消费者群的过程。每一个细分市场都是具有类似需求倾向的消费者构成的群体，因此，分属不同细分市场的消费者对同一产品的需求有着明显的差异，而属于同一细分市场的消费者的需求具有相似性
优先（Prioritizing）	"优先"是对目标市场的选择，即在市场细分的基础上，企业要进入的那部分市场，或要优先最大限度地满足的那部分消费者。企业资源的有限性和消费者需求的多样性决定了企业不能经营所有的产品并满足所有消费者的需求。任何企业只能根据自己的资源优势和消费者的需求，经营一定的产品，满足消费者的部分需要
定位（Positioning）	即市场定位，其含义是根据竞争者在市场上所处的位置，针对消费者对产品的重视程度，强有力地塑造出本企业产品与众不同的、给人印象鲜明的个性或形象，从而使产品在市场上、企业在行业中确定适当的位置

三、消费者需求导向策略（4Cs 营销理论）

4Cs 营销理论，是由美国营销专家罗伯特·劳特朋教授在 1990 年提出的，与传统营销的 4Ps 相对应。它以消费者需求为导向，重新设定了市场营销组合，4Ps 营销组合向 4Cs 营销组合的转变，具体表现为产品（Production）向顾客（Consumer）转变，价格（Price）向成本（Cost）转变，分销渠道（Place）向便利（Convenience）转变，促销（Promotion）向沟通（Communication）转变。这是产品企业可以操控的四个方面，通过很好的组合，可以达到很好的销售效果。零售企业组织市场营销活动，除了关注 4Ps 外，更应该注重 4Cs。4Cs 认为，企业应通过同顾客进行积极有效的双向沟通，建立基于共同利益的新型企业与顾客关系。这不再是企业单向的促销和劝导顾客，而是在双方的沟通中找到能同时实现各自目标的途径。

4Ps 和 4Cs 存在着实质上的关联，从顾客需求的角度思考如何设计和研发产品，从顾客成本的角度考虑如何制定最合理的价格。此外，顾客需求本身对于产品价格也有着直接的影响，从与顾客如何实现沟通的角度思考促销和推广的方式，从客户购买的便利性的角度来确定企业通路的选择。作为营销的基本理论，4Ps 和 4Cs 的营销策略组合原则，都在我们日常的营销实践中被有意无意地广泛应用。

4Cs 营销理论作为对经典营销理论 4Ps 的改进，其基本思想在于：满足顾客的欲求与需要、降低顾客获取满足的成本、满足顾客购买的方便性及沟通。从关注 4Ps 转变到注重 4Cs，是当前许多大企业全面调整市场营销战略的发展趋势，它更应为零售业所重视（陈映林和欧阳峰，2008）。具体内容如表 1-3 所示。

表 1-3　4Cs 的营销组合策略内容

名称	内容
顾客（Consumer）	主要指顾客的需求。企业必须首先了解和研究顾客，根据顾客的需求来提供产品。同时，企业提供的不仅是产品和服务，更重要的是由此产生的客户价值（Customer Value）
成本（Cost）	不单是企业的生产成本，它还包括顾客的购买成本，同时也意味着产品定价的理想情况，应该是既低于顾客的心理价格，亦能够让企业有所盈利。此外，这中间的顾客购买成本不仅包括其货币支出，还包括其为此耗费的时间、体力和精力消耗，以及购买风险

续表

名称	内容
便利（Convenience）	即所谓为顾客提供最大的购物和使用便利，4Cs 理论强调企业在制定分销策略时，要更多地考虑顾客的方便，而不是企业自己方便
沟通（Communication）	被用以取代 4Ps 中对应的"Promotion"（促销），企业应通过同顾客进行积极有效的双向沟通，建立基于共同利益的新型企业和顾客关系。这不再是企业单向的促销和劝导顾客，而是在双方的沟通中找到能同时实现各自目标的途径

4Cs 的核心是顾客战略。而顾客战略也是许多成功企业的基本战略原则，比如，沃尔玛"顾客永远是对的"基本企业价值观。4Cs 的基本原则是以顾客为中心进行企业营销活动的规划设计，从产品到如何实现顾客需求（Consumer's Needs）的满足，从价格到综合权衡顾客购买所愿意支付的成本（Cost），从促销的单向信息传递到实现与顾客的双向交流与沟通（Communication），从通路的产品流动到实现顾客购买的便利性（Convenience）。

4Cs 营销理论过于强调顾客的地位，而顾客需求的多变性与个性化发展导致企业不断调整产品结构、工艺流程，不断采购和增加设备，其中的许多设备专属性强，从而使专属成本不断上升，利润空间大幅缩小。另外，企业的宗旨是"生产能卖的东西"，在市场制度尚不健全的国家或地区，就极易产生假、冒、伪、劣的恶性竞争以及"造势大于造实"的推销型企业，从而严重损害消费者的利益。当然这并不是由 4Cs 营销理论本身所引发的。

四、竞争背景下的双赢策略（4Rs 营销理论）

以顾客战略为核心的 4Cs，随着时代的发展，也显现了其局限性。当顾客需求与社会原则相冲突时，顾客战略也是不适应的。例如，在倡导节约型社会的背景下，部分顾客的奢侈需求是否要被满足。这不仅是企业营销问题，更成为社会道德范畴问题。同样，建别墅与国家节能省地的战略要求也相背离。于是 2001 年，美国的唐·E. 舒尔茨在 4Cs 营销理论的基础上提出新的 4Rs 营销理论（见表 1-4）：关系（Relationship）、反应（Reaction）、关联（Relevancy）和回报（Rewards）。该营销理论认为，随着市场的发展，企业需要从更高层次上以更有效的方式在企业与顾客之间建立起有别于传统的新型的主动性关系。

表 1-4　4Rs 理论的营销四要素

名称	内　容
关系（Relationship）	在企业与客户的关系发生了本质性变化的市场环境中，抢占市场的关键已转变为与顾客建立长期而稳固的关系。与此相适应产生了五个转向：从一次性交易转向强调建立长期友好合作关系；从着眼于短期利益转向重视长期利益；从顾客被动适应企业单一销售转向顾客主动参与到生产过程中来；从相互的利益冲突转向共同的和谐发展；从管理营销组合转向管理企业与顾客的互动关系
反应（Reaction）	在相互影响的市场中，对经营者来说最现实的问题不在于如何控制、制定和实施计划，而在于如何站在顾客的角度及时地倾听和从推测性商业模式转移成为高度回应需求的商业模式
关联（Relevancy）	认为企业与顾客是一个命运共同体。建立并发展与顾客之间的长期关系是企业经营的核心理念和最重要的内容
回报（Rewards）	任何交易与合作关系的巩固和发展，都是经济利益问题。因此，一定的合理回报既是正确处理营销活动中各种矛盾的出发点，也是营销的落脚点

　　4Rs 营销理论以关系营销为核心，重在建立顾客忠诚。它既从厂商的利益出发又兼顾消费者的需求，是一个更为实际、有效的营销制胜术。艾略特·艾登伯格（Elliott Ettenberg）在其《4Rs 营销》一书中提出 4Rs 营销理论，其大致内容如图 1-1 所示。

图 1-1　市场营销的"4Rs 模型"

4Rs 营销理论的最大特点是以竞争为导向，在新的层次上概括了营销的新框架，根据市场不断成熟和竞争日趋激烈的形势，着眼于企业与顾客的互动与双赢，不仅积极地适应顾客的需求，而且主动地创造需求，运用优化和系统的思想去整合营销，通过关联、关系、反应等形式与客户形成独特的关系，把企业与客户联系在一起，形成竞争优势。它的反应机制为互动与双赢、建立关联提供了基础和保证，同时也延伸和升华了便利性。"回报"兼容了成本和双赢两方面的内容，追求回报，企业必然实施低成本战略，充分考虑顾客愿意付出的成本，实现成本的最小化，并在此基础上获得更多的市场份额，形成规模效益。这样，企业为顾客提供价值和追求回报相辅相成、相互促进，客观上达到的是一种"双赢"的效果。

4Rs 营销同任何理论一样，也有其不足和缺陷，如与顾客建立关联、关系，需要实力基础或某些特殊条件，并不是任何企业可以轻易做到的。但不管怎样，4Rs 营销提供了很好的思路，是经营者和营销人员应该了解和掌握的。

第二章

体验营销与场域心流叙事理论

第一节　体验与体验营销

一、体验

体验是顾客对企业为他们提供的产品、服务、促销的评价或感知，所以体验从本质上讲是一种顾客价值（崔本顺，2004）。只是在以前的价值创造过程中，企业侧重于为顾客创造一种客观性的价值。比如，对产品而言，企业要为顾客提供高质量的、有一定特色和功能的产品；对服务而言，企业为顾客提供的服务要方便、快捷、周到（王安琪，2006）；对于广告而言，要能准确地传播企业产品和服务的定位。

随着顾客需求水平的提高和顾客地位的提升，顾客的主观感受在价值评价中的作用越来越大。经济学家、营销学者和业界人士不约而同地发现，现在人们就如同渴望得到物品和享受服务一样渴望获得体验的满足。有研究表明，感性的期望是促使顾客重复购买的最主要的动因。由全程体验形成的感受和情感因素对顾客购买偏好的刺激和影响远比对产品和服务的功能性感知要大得多。所以，满足顾客的体验需求是一种价值创造方式（杨学成等，2016）。

美国学者伯恩德·H. 施密特（1999）认为对顾客来讲，体验是一个整体性的混合概念，是来自不同方面的多种感受价值。他将这一混合的、完整的体验区分为不同的类型，具体有以下五种：感官、情感、思考、行动和关联。具体情况如表 2-1 所示。

表 2-1　伯恩德·H. 施密特的战略体验模块

类型	目标	手段
感官体验	创造顾客知觉体验感受	由视觉、听觉、触觉、味觉、嗅觉等获取
情感体验	诱发顾客内在的感情和情绪	营造适当的场景，提供适当的刺激
思考体验	对顾客智力启迪及创造认知	以创意的方式引起顾客的惊奇、兴趣及对问题的思考
行动体验	引导生活方式和做事方式	提高生理体验，展示做事方式和生活方式

类型	目标	手段
关联体验	通过以上四个方面的综合，满足顾客自我改造、个人渴望及社会认同	通过特定的顾客体验解决方案，使之成为特定的体验消费群体

二、体验营销

体验营销是指营销者站在消费者的角度去体验消费者的购买理念、购买程序、购买心理和购买原动力，通过消费者的感官、情感、思考、行动和联想等参与、体验，由制造商、营销商与消费者共同建立起产品信息的良性循环系统，利用消费者的整体感受和评价去激活消费者内心的消费欲望并加快购买行为的一种营销方式。从营销组合来看，传统营销与体验营销的区别也是明显的（张亦梅，2004），如表 2-2 所示。

表 2-2　传统营销与体验营销 4P 策略的运作方式比较表

4P 策略	传统营销	体验营销
产品策略	要求产品的核心层即品质、功能利益优良，其形式层品牌、包装、式样等有特色，同时要为顾客提供更多的附加服务（送货、保证、安装）	要求为消费者提供多样的、有特色的体验，凡是能为消费者提供值得回忆的感受的事物都可以成为体验产品
价格策略	成本是企业定价的主要依据	实体产品甚至可免费提供，收费的策略对象是体验，而且其价格是以消费者的期望价格为依据制定的，会远远高于成本
促销策略	通过广告、人员推销、营业推广和公共关系等促销手段将大量信息硬塞给消费者，全然不顾消费者的感受	促销手段中都纳入"体验"因子，策略注重与消费者的互动
分销策略	面临的主要是商流和物流的问题，需要解决商品实体和交易的运作	体验是无形的，是靠消费者的感受凝结而成的一种回忆，分销所解决的主要问题是信息流问题

体验营销具有三大主导性的特征（崔本顺，2004；崔国华，2004；刘

大忠等，2006）。

（1）以顾客需求为导向。企业从消费者的真正需要出发，按消费者所接受的方式、所需要的产品来进行各方面的沟通。从过去的"拉"转为"推"，提升了企业的主动性。

（2）以顾客沟通为手段。企业要能满足顾客的需要，尤其是个性的需要，就要建立与顾客双向沟通，尽可能地搜集顾客信息，及时地反映在顾客所需购买的商品上。这样才能有效地促进消费者购买。

（3）以顾客满足为目标。在现代社会，人们已不满足于单纯地购买产品，而更着重于购买产品过程中所产生的满足。因此，企业在提高产品本身的使用价值时，更应该开展各种沟通活动，满足顾客体验需求，从而使顾客在物质上和精神上得到双重满足。

三、体验营销理论——5Es 营销理论

体验营销的目的是依靠客户参与事件来生产和让渡体验，所以体验营销组合应紧紧围绕着体验的生产和消费来建立（Vargo and Lusch，2004）。通过对体验产生和消费过程的研究和考察，认为体验营销组合应包含五大要素：体验（Experience）、情境（Environment）、事件（Event）、浸入（Engaging）和影响（Effect）。由于这五要素的英文单词都是以"E"开头的，所以简称为 5Es 组合策略（汪涛和崔国华，2003；黄小琴，2017）。

（1）体验（Experience）。体验是体验营销组合中最基本的要素，就像4P 中的"产品"一样，它描述了公司要提供给顾客（更确切地说是计划使顾客自己产生）什么样的体验。由此而产生两个相似而又相异的概念——设计的体验与获得的体验，前者的主体是企业，后者的主体是顾客，追求二者统一的过程，就是体验型顾客达到满意的过程。因此，体验策略必须建立在对顾客需求深刻理解的基础上，即使体验需求的识别具有一定的难度。在体验设计的过程中，首先应在顾客需求研究的基础上确定体验主题，即混合体验。Schmitt 和 Martínez（1999）认为，提供给顾客的体验一般都是几种体验的混合物中最核心、最能引起顾客共鸣的部分。其次是寻找合适的体验类型来表达体验主题，二者的不协调将影响体验的产生。

（2）情境（Environment）。情境就是企业为顾客创建的"表演舞台"，是体验产生的外部环境。它既可被设计成现实的场景（这就需要借助一系

列的"道具"），比如星巴克咖啡店设计的店堂环境，也可以被设计成虚拟的世界（需要一系列的画面、声音等），比如一些网站经营者设计的虚拟社区。情境策略对体验的生成有极大的促进作用，同时又是事件展开的必要条件，因此必须重视情境策略在体验营销中的运用。在情境的设计过程中，可以借鉴戏曲理论、心理学、社会学等方面的知识。但必须强调的是，情境策略必须服从和服务于体验策略，否则就发挥不出整合的效果，甚至有可能取得相反的效果。

（3）事件（Event）。这里的事件特指为顾客设定的一系列的表演程序。在以往对体验的定义中，一再强调作为经济提供物的体验的产生必须要顾客亲自参与表演，但是作为企业来讲又不能任由顾客表演，因为那样的话将很难为顾客提供特定的体验。如果企业提供的体验零散而无法辨别的话，那么将很难在顾客心目中形成一个清晰的概念和定位。因此，企业必须对表演的过程进行特别的设计，这就是事件策略。根据表演程序的松散程度，可以将事件策略分成两种模式：一种是设立严格的程序，在线游戏的体验营销就属于此；另一种是设立一个相对宽松的程序，使其存在一定的弹性，允许顾客在一定程度上按自己的理解进行活动，比如在《体验经济》一书中提到的"迪士尼生日俱乐部"组织的农场体验活动，顾客（一群小朋友）可以发挥自己的想象在农场里体验旧式的农家生活（Pine and Gilmore，1998）。在事件策略的制订过程中，除考虑顾客自身的活动之外，还要考虑顾客相互之间的关系，这是因为在体验活动中，经常是许多顾客同时参与，如果不注意协调他们之间的关系，很容易带来负面的体验，这对企业来说将是巨大的损失。

（4）浸入（Engaging）。体验营销关注的是顾客的主动参与性，浸入策略主要是指通过营销手段使顾客真正浸入企业所设计的事件中，因此设计一个什么样的角色给顾客将是非常关键的。浸入策略要求在角色的设计中一定要使顾客成为一个真正的"演员"，而不能将其看成观众，或者是可有可无的人。诱使顾客主动表演是浸入策略的关键所在，因为顾客只有在事件的过程中真正地参与进去，才能使心理活动真正地浸入我们设计的情境中，这样才会最终导致体验（愿意付费的体验）的产生。

（5）影响（Effect）。营销的本质是需求的管理，营销关注的焦点是顾客关系管理，这也是关系营销得以流行的主要原因。关系营销强调的是顾客的终身价值，而不是单次交易所产生的价值。因此，体验营销在向顾客让渡体验的过程中，也必须注意顾客重复购买的问题，在体验营销组合中引入影响策略正是基于这一考虑。从体验的定义中可以看出，体验是深刻的和难忘的，体验的难忘过程就产生了影响，因此影响就成了维持长期顾客关系的一个重要因素。但是，影响会随着时间的推移而逐渐衰减，如果不对影响进行管理，长期顾客关系的保持将很难实现。影响策略就是对影响进行管理的策略，具体的策略可以借鉴关系营销中的一些具体做法。比如，将体验过程录像保存，拍照留念，赠送体验纪念品，建立体验会员俱乐部等。

在 5Es 组合策略中，各个"E"并不是相互独立的，它们之间存在着非常密切的联系，这种关系可用图 2-1 来表示。首先，体验策略是体验的设计过程，是情境策略、事件策略和浸入策略的前提和基础，其他策略必须服从和服务于体验策略的基本内涵和思想。其次，情境策略、浸入策略和事件策略是体验的实现过程，企业通过这三个策略的实施，完成体验的生产和让渡，同时顾客也完成了对体验的消费。最后，影响策略是体验影响的管理过程，它是建立在前面几个策略的结果上的，同时又是下一体验让渡过程的输入，影响着下一体验让渡的策略组合。

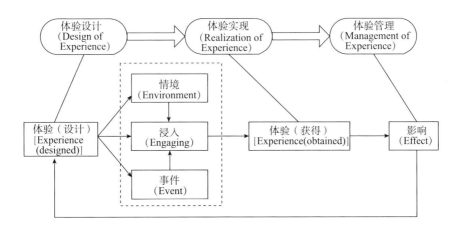

图 2-1　5Es 体验营销组合策略

第二节　场域心流叙事理论

一、心流理论的概念及特征

心流的概念，最初源自契克森米哈顿（Csikszentmihalyi）于 20 世纪 60 年代观察到艺术家、棋手、攀岩者及作曲家这些人在从事他们的工作时几乎是全神贯注地投入，经常忘记时间以及对周围环境的感知，这些人参与他们的个别活动都是出于共同的乐趣，这些乐趣是来自活动的过程，而且外在的报酬是极小或不存在的，这种由全神贯注所产生的心流体验，Csikszentmihalyi（1960）认为是一种最佳的体验。

心流理论是指一种将个人精力完全投入在某种活动上的感觉，心流产生时同时会有高度的兴奋及充实感，其特征为：①清晰的目标；②即时反馈；③个人技能与任务挑战相匹配；④行动与知觉的融合；⑤专注于所做的事情；⑥潜在的控制感；⑦失去自我意识；⑧时间感的变化；⑨自身有目的的体验。

二、场域心流叙事理论的概念及方法论

场域心流叙事理论是由国内知名创意体验营销服务企业中嘉集团（BRANDX）创造的一套体验式营销叙事方法论。通过提炼品牌的主情感，串联情感路线图，用技术推动艺术场景，打造的一个多维度场域系统。以物理和虚拟场域的融合，构筑出具有心流体验感的混合场域，以数字与艺术为手段，通过立体结构+体验+五感，塑造一种"矛盾交织"的情景空间。心流状态会通过构筑一个个"奇观"，促进消费者对品牌信息感知，提高可接受程度，同时与体验者的情感交织在一起，产生惊喜与共鸣，最终实现品牌的价值信息与消费者之间的"流动"，完成体验式营销的"心流"体验。

场域心流叙事理论指导方法——"叙事六步法"：

第一步，意图核心。品牌情感是叙事的核心，即我们需要向消费者传达什么价值观，从而进一步去寻求情感上的共鸣。

第二步，情感模块结构化，即情感路线图，将情感点模块化，通过合

理的叙事结构将模块进行逻辑串联，不是词语上的简单排序，而是更聚焦于情感、艺术的表达。

第三步，场域系统调配。对场域系统调配时，我们需要找出能够符合情感的元素，用艺术语言、科技手段将整个场域"编织"起来。统一的艺术风格、统一的颜色，是让观众身临其境、产生共鸣的关键。

第四步，调整可变量。将场域中的多维度场域元素进行调整，从而达到最贴合消费者情感的"版图"。

第五步，叙事结构传达。叙事的本质是情感信息的传达，不同的情感有其不同的载体。"整体—局部—整体"是经过历史实践提炼出来的结构化表达。

第六步，收拢叙事。前五步为加法，最后一步就是做减法。对整个场域系统中的叙事进行收拢升华，设计一些"留白"，给消费者足够的想象空间，即"三分实，七分虚"。

三、心流理论应用

近几年来，心流理论更多地被应用到科技与教育、市场营销领域中，其中在科技游戏中的心流体验是一种游戏体验的结果，是设计者希望玩家达到的一种状态，因为在这个状态下，玩家会有很满足的享受感，于是就出现了关卡中引导玩家掌握游戏技巧、加深玩家对数值的理解、玩法中使用其他玩家的数据、使用软性通关条件、使用动态难度、多样的提升手段、降低游戏的试错成本等（Mathwick and Rigdon，2004）。在教育领域中，心流理论被用来改变学生对学习过程与结果价值的认知，尽可能将每一部分学习内容表现成有趣、有吸引力的，将每节课学习过程设计成令人愉快、可以享受的。

在市场营销中，十多年前，Hoffman 和 Novak（2009）提出商业网站将通过促进所谓的"流"而受益，并为营销人员提供了一种思考消费者如何体验这种新环境的方式。他认为，在试用和使用在线环境期间，营销目标应提供"流动机会"，让消费者完全参与其与计算机的互动。Novak（1996）等的研究强调了人机交互中的"流"，特别是与网络的交互，观察到一些人比其他人更容易达到"流"的状态（Renard and Darpy，2017）。使用这种"流"的营销后，人们表示在日常生活中的各种活动中都体验到了"流"，包括运动和游戏、购物、跳舞、做手术和玩电脑游戏。

尖端技术的出现增加了心流理论被应用到体验式营销活动中的可能性，新技术，如 AI、AR、VR 等，改变了消费者与公司的互动形式，能够提供给消费者一个具有合成性、针对性、愉快的高效体验（Ameen et al.，2021）。这种具有模糊现实与虚拟界限的沉浸体验构成了临场感，形成了心流体验的先决条件（Kim and Ko，2019；Biasutti，2017）。

场域与心流之间情感的传递，是数字化时代体验营销的基础。场域可以首先分为物理场域和虚拟场域。物理场域是客观存在的，时间与空间形成的场。虚拟场域是借由文字、图像、音频、视频、动画和 3D 仿真的技术手段对现实世界场域的摹制和仿像。虚拟场域与物理场域共同组成了混合场域。

关于混合场域和心流的连接，我们把它叫作混合场域叙事理论。在由虚拟场域与物理场域共同构建的混合场域中创造具有混合体验的混合叙事。在研究混合场域时，主要的三个部分分别为空间的情感传递、图像的情感传递和时空感受的传递。我们将混合场域的情感，针对不同的时间和地点进行虚和实的叠加、耦合、错位和嫁接，以达到超现实的时空感受，形成沉浸感。

以物理和虚拟场域的融合，构筑出具有心流体验感的混合场域，借助一个个由科技和艺术环绕衍生而出的奇观，让体验者达到心流状态，从而提高其对环境内信息的感知和接受程度，与品牌价值产生情感共鸣。

当心流状态形成时，消费者会完全参与他们正在做的事情（Biasutti，2017），营销的内容更易被消费者认可和参与。另外，新技术增加了体验式营销的互动可能，以技术去加持普通场域，推动场域叙事。在虚实结合的"临场感"上，叠加交互体验，震撼消费者五感的同时，还会使营销活动中的信息产生"流动"，使消费者产生心理沉浸（Hoffman and Novak，2009；Mathwick and Rigdon，2004）。在这种状态下，消费者会对环境内的焦点信息产生深刻印象（Mathwick and Rigdon，2004），最终形成心流体验，刺激得到积极的营销效果。因此科技辅助下的体验式营销与场域心流理论的结合会促进营销效果的提升。资生堂曾通过在与中嘉集团关于樱花产品的线下营销活动中，打造"光樱幻景"，使用樱花和镜面建立艺术和科技的联系，构成一个"奇观"。利用镜面装置与红外识别技术的感应功能创造出场域心流环境。艺术与科技的创新结合打破了传统樱花装置的互动体验，将樱花"光透、耀白、焕颜每一面"的概念以镜面反射感、光线折射感以及红外识别动态捕捉的形式展现了出来，自然且灵动，震撼人心。而当消费者靠近装置时，红外识别将识别屏幕侧面像参与者，无论哪一个方向，行为都将被捕捉，樱花都会面朝人盛开，至此形成樱花始终围绕消费者流动的情境，加强消费者对樱花元素的感受和体验。创新科技加强了活动现场营造的樱花世界的真实感，模糊了虚实界限，构成"樱花世界"的体验情境。这种"临场观感"有助于消费者专注于樱花世界的内容，进入心流状态，震撼五感，描述璀璨之美，从而对资生堂系列产品产生记忆点。通过沉浸式设计带来的感官刺激，使消费者沉迷于这一立体结构+体验+五感塑造"矛盾交织"的情境之中，在 5D 感官的樱花互动装置下，享受感和沉浸感使消费者达成了心流体验，从而强化了对品牌文化的认可和产品特性的认知。品牌营销主题与消费者情感交织在一起，进而影响了购买态度，营销方从而完成了场域心流叙事在体验式营销活动中的应用。

第二章

体验营销企业相关概述

第一节　体验营销项目种类与特征

一、体验营销项目种类

对于企业行业来说，体验营销就是企业有意识地以服务作为舞台，以店内设施、产品作为道具，通过精心设计，使客人以个性化的方式融入其中，从而形成难忘的事件。在体验营销模式中，企业的角色就是搭建舞台、编写剧本，顾客的角色是演员，而联系企业和顾客的利益纽带则为体验。开展体验营销，要求企业深入体察顾客的心理，准确掌握顾客需要何种类型的体验。

全球范围内数字化技术的进步，为体验营销的发展提供了便利的技术支撑，帮助延伸与拓宽了体验营销链条，催生出众多的新模式与新路径。应用多种技术的输入与输出方式加强体验营销的场域心流叙事，通过软硬件设备打造情境，帮助顾客通过五感获得虚拟与现实相结合的互动体验；再通过多种变幻方式塑造"奇观"，对顾客的行为予以实施反馈，创造出具有情感共鸣的空间氛围，产生惊喜之余，传递品牌理念，完成体验式营销中的"心流"。以科学、严谨的营销管理过程为基础，在与各种营销组合工具密切配合的过程中，达到促进销售、占领市场等目的。在特定场域中消费者将得到良好、舒适的品牌体验，在不同场景间达成超现实的时空感受，震撼五感，沉浸其中，进一步加深对品牌的认知与了解，使品牌故事深入人心，达成转化；企业主也将因此得到直观的销售额增长。由于体验营销项目种类繁多，不同的分类标准下其体验营销项目的分类不同，为了清晰了解体验营销项目的种类，本书从数字化发展对体验营销企业的影响出发，根据体验营销企业日常运营的主要项目，将数字化背景下体验营销企业的项目类型划分为巡展类、店装类和活动类三种。

（1）巡展类项目。巡展是展览的一种形式，是通过时间、地点或目标市场的转换来达到展览目的的行为。巡展类项目是营销企业（乙方）受巡展的主办方（甲方）的委托，承担主办方的委托与要求，通过对巡展的构思、策划、设计、实施、性能、特点等全部内容进行描述，并对项目进行定价、投标、谈判，最终签订合同，实施交换以满足顾客需要，实现双赢的过程。

巡展类项目是为了提高品牌的知名度，扩大品牌影响力和提高市场占有率而进行的"点"式宣传，即通过时间、地点或目标市场的转换来达到展览的目的。在传统的巡展中更多的是靠灯片的设计展示，通过具有视觉冲击力的颜色和带有艺术感的形象设计，让人们去理解和感受品牌的内涵。而在当前的数字化背景下，信息的传播呈现"碎片化"，定向传播遇到了很大的难处，甚至品牌自己的公众号文章的分享都没有足够的影响力。因此，只有占领用户情绪，让人们真情实感地参与其中，通过数字化的游戏、AR、VR 等新技术的应用，打造出沉浸式的体验，才能让人们产生兴趣。当人们真正融入数字化场景后，在场域中完成对产品的知晓，在实际体验交互中，通过五感产生体验，在科技与艺术衍生而出的奇观中，跨越时间与空间，加深用户内心对虚拟场域中品牌理念的感知与理解，达成情感共鸣。再通过朋友圈的分享、朋友的推荐互动，使品牌能快速准确地获取精准目标人群，产生直观的触达效果。

（2）店装类项目。店装类项目主要是营销企业对实体店面进行店面装饰与设计，主要包括招牌设计、店门设计、橱窗设计、外部照明设计、壁面照明、品牌特色设计等。店装体现产品特色，要将产品特色和装修风格融为一体，这样是对产品的一种宣传，顾客会感觉产品有吸引力，从而提高销售量。

（3）活动类项目。活动类项目是指广告主制定一项能测定的目标后，为达到这一目标制定广告战略，然后在市场上执行的一类项目，包括以下四个重点：制作适当的销售信息、及时传达给受众、选择适当的时机、合理规划成本。而践行场域心流叙事理论的品牌活动，在内容和形式上都具有独家、独创、独到的体验元素和价值元素，能够最大限度地满足用户的多层次需求，让用户真正觉得物有所值，甚至物超所值。用艺术与科技去构建心流，将场域心流的叙事与实际活动相结合，连接体验场景与品牌活动主题的情感表达，在消费者心中留下难以忘怀的深刻印象。借助立体结构+体验+五感塑造"矛盾交织"的情境，科技加持的互动装置，品牌完成了目标信息的传达，增加了活动趣味性，消费者享受到了丰富的体验，收获线下情境体验的惊喜感。

二、体验营销项目特征

通过已有文献的介绍，普遍认可的体验营销项目特征包括以下六个方面，具体如表 3-1 所示。

（1）项目的唯一性。营销项目的时间、地点、条件等的差别造成了每个项目的唯一性。

（2）项目的一次性。按照营销项目的不同特点及主办方（甲方）的要求，需要建立一次性特定组织活动及体验策划方案，且项目资金的投入具有不可逆性。

（3）项目目标的明确性。大多数的营销项目是为了提高品牌知名度，扩大品牌影响力和提高市场占有率，在特定的时间对特定的顾客完成特定内容的信息沟通任务。

（4）项目实施条件的约束性。①时间约束，有合理明确的施工工期时间限制；②资源约束，即有一定的资金、人力、物力等资源限制；③技术约束，即实施体验部的体验策划方案时，需要考虑实际技术的可行性，避免由于缺乏必需的技术和管理，无法吸收并有效地使用各种资源，从而影响项目目标；④顾客习惯约束，即顾客对特定使用情景下有助于实现自己目标和目的的产品属性的实效以及使用的结果所感知的偏好与评价。强调顾客价值来源于顾客通过学习得到的感知、偏好和评价，并将产品、使用情景和潜在的顾客所经历的相关结果相联系。

（5）项目活动的整体性。体验营销项目的体验理念贯穿于产品的研发、生产、推介和销售等各个环节，避免了传统模式中生产与营销脱节的弊病。

（6）项目的风险性。虽然体验营销项目的建设周期比较短，但是由于互联网、移动通信工具、发达交通工具和先进信息技术的不断出现，客户企业对营销（包括各个营销阶段）的预期目标、预算，以及项目执行的环境等的差异性，顾客对产品的购买率等，都会形成体验营销企业的不确定因素。

表 3-1　体验营销项目特征

序号	特征	表现
1	唯一性	项目的时间、地点、条件受限
2	一次性	建立一次性特定组织活动及体验策划方案
3	目标的明确性	提高品牌知名度，扩大品牌影响力和提高市场占有率
4	实施条件的约束性	时间、资源、技术、顾客习惯约束
5	活动的整体性	贯穿于产品的研发、生产、推介和销售等各个环节
6	风险性	具有多种不确定因素

第二节　体验营销企业的任务与收益

一、体验营销企业的任务

明确体验营销企业的任务是施工企业有效进行体验营销的前提。而数字化背景下，在具体实施过程中，体验营销项目的利益相关方主要包括项目主办方（甲方）、体验营销企业自身（乙方）和广大消费者（丙方）。体验营销企业直接面向的是项目的主办方（甲方），而间接面对的是广大消费者（丙方），体验营销企业出售的产品或服务为体验营销方案及其实施，接受甲方委托，完成一定的项目目标，体验营销企业的任务主要包括以下几个方面：

（1）品牌传递的信息价值点是否能真正满足消费者的需求动机。这种动机指的不仅是在功能方面的满足，而且是超越功能需求的更深层次的内心冲突。

（2）产品所能提供的使用价值是否能够聚焦到一个解决消费者心理冲突的独特利益上，从而让消费者体验到一个可以长期驱动他对品牌偏好的独特品牌价值，即"品牌核心价值"。

（3）满足项目主办方（甲方）的需求。

1）提高商品的知名度和认知度。

2）加强社会公众对企业和商品品牌的印象。

3）提高消费者对品牌的指名购买率。

4）维持和扩大广告品牌的市场占有率。

5）向社会公众传播企业和品牌、企业经营和服务的信息。

6）加强新产品的宣传，普及新产品知识，介绍新产品的独特之处。

7）提高企业的美誉度，树立企业的良好形象。

8）在销售现场进行示范性广告宣传，促使消费者缩短决策过程，产生直接购买行为。

9）劝诱潜在消费者到销售现场或展览宣传场所参观，以提高对产品的认知，增强购买信心。

10）创造市场，挖掘潜在市场目标。

二、体验营销企业的收益

盈利模式是对企业经营要素进行价值识别和管理，在经营要素中找到盈利机会，即探求企业利润来源、生产过程以及产出方式的系统方法。体验营销企业的主要盈利模式是通过出售为客户企业增加产品或服务销售量的体验或体验营销方案的方式获得本企业主营收益。通过已有研究，可以总结出体验营销企业的具体收益来源和提高施工企业收益的一些具体措施（熊学慧，2004）：

（1）成本的控制与管理。成本的控制与管理是指企业生产经营过程中各项成本核算、成本分析、成本决策和成本控制等一系列科学管理行为的总称。成本管理充分动员和组织企业全体人员，在保证产品质量的前提下，对企业生产经营过程的各个环节进行科学合理的管理，力求以最少生产耗费取得最大的生产成果。成本的控制与管理是企业管理的一个重要组成部分，它要求系统而全面、科学和合理，它对于促进增产节支、加强经济核算、改进企业管理、提高企业整体管理水平具有重大意义（孙飞等，2007）。

体验营销企业的管理者需要充分调动企业员工的积极性，通过持续改进以改善成本管理，在保证项目策划实施的效果及质量的基础上，减少并杜绝资源的浪费和损失，使成本降到尽可能低的水平。①构建全面的企业成本管理思维，寻求改善企业成本的有效方法；②跳出传统的成本控制框架，从公司整体经营的视角，更宏观地分析并控制成本；③掌握成本核算的主要方法及各自的优缺点，根据情况的变化改良现有的核算体系；④掌握成本分析的主要方法，为决策者提供关键有效的成本数字支持。

（2）企业员工的管理与激励。员工是企业最重要的资源，人力资源投入的程度和效果明显影响着企业的竞争力，如何创造利润已经不再是企业唯一探讨的话题，如何面对人才流失也已经成为企业研究讨论的重要内容，整体员工的素质及忠诚度往往左右着企业的业绩。为充分激励员工关心公司、参与公司建设的积极性，增强企业凝聚力，发挥员工的主人翁精神，为公司节支降耗和持续改进，企业应根据自己特定的企业文化及组织结构来制定适合自身发展的员工激励机制（钟德强等，2004）。

企业要根据员工需求建立差异化激励机制。企业可以针对员工的需要，采取一定的激励措施，引导员工的行为指向企业目标。要具体到每个员工，因为不同层次、不同类别的员工，所掌握的知识、技能是不同的，而且还会由于价值、生活水平等方面因素的影响造成认知差异。这就要求企业尽量做到具体员工具体分析，了解不同需求，从而"对症下药"，具有针对性地建立差异化激励措施。

（3）时间的安排与管理。企业需要通过事先规划并运用一定的技巧、方法与工具实现对时间的灵活以及有效运用，从而实现个人或组织的既定目标。为了达到良好的结果，人员、资源、目标、最后期限、可利用的时间应该被组合起来，在保证施工质量的前提下，加强营销企业的进度管理，因为工期的拖延会造成成本的大大增加（林新奇，2007）。

1）详细周到地考虑工作计划——确定实现工作目标的具体方法，预构目标的进程及步骤。

2）善于将一些工作分派和授权给他人来完成，提高工作效率。

3）制订工作计划，将事务整理归类，并根据轻重缓急来进行安排和处理。

4）为计划提供预留时间，掌握一定的应付意外事件或干扰的方法和技巧，准备应变计划。

（4）库存管理。收益管理的实施目标是在保证产品或服务不闲置的情况下，尽可能地为高端客户预留所需的产品或服务。库存管理则是实现这一目标的关键策略。当产品或服务定价较低时，对价格敏感型消费群体的消费需求易得到满足，相应地，对价格敏感度低，对质量、时间等因素敏感度较高的高层次客户很有可能得不到企业有限的产品或服务，从而使企业失去潜在的收益；反之，企业易流失对价格敏感的消费者群体，造成产品或服务闲置。总之，传统的企业销售方式易造成企业收益处于非最优化状态（许峰，2011）。

三、利益相关方理论

按照 Freeman（1984）提出的"利益相关者理论"，体验营销项目各利益相关方对体验营销项目总体目标的期望是对立统一的。一方面，不同利益相关方所追求的目标存在着不一致性。对于项目主办方（甲方）来说，其目标是提高品牌的知名度、扩大品牌影响力、提高市场占有率，提高消费者对品牌的指名购买率，向社会公众传播企业和品牌、企业经营和服务的信息，达到社会效益与经济效益最大化；对于体验营销企业自身（乙方）

来说，其目标则是经济效益最大化而不是整体效益最大化。另一方面，各利益相关方追求的目标又具有统一性，任何相关方目标的实现要以营销项目的顺利完成为前提。这就需采取有效措施克服营销目标面临的独特性、复杂性、多方协调性等困难，追求多重目标的统一性。标准制定的过程，便是各方利益诉求并达成一致的过程。体验营销项目的利益相关方主要包括项目主办方（甲方）、体验营销企业自身（乙方）和广大消费者（丙方）。

第三节 收益管理的相关理论基础

美国放松航空管制，使国内航空企业为争抢客户与市场份额而开展价格战，造成航空运输业盈利能力与服务质量的下降。为解决资源约束条件下航空企业如何实现收益最大化的问题，美国航空界的专家与学者基于运筹学与计算机技术等，提出了收益管理理论。随着收益管理成功缓解美国航空业的困境，其逐渐被其他行业所关注、应用，如酒店行业（Wang and Kadi，2012；Shioda，2003）、电力行业（Niu and Zhang，2013；Flath et al.，2012）、金融业（Burgess and Bryant，2001）、铁路运输业（高强等，2005）等，同时也引起了学术界的关注。

一、收益管理内涵

20 世纪 80 年代，收益管理成为学术界的一个热门词汇，它的核心内容包括进行科学预测、把握产品价值周期，及不断更新收益管理方案等（缪建洪，2006；周晶和杨慧，2008）。美国项目管理协会指出（石一辰等，2009），收益管理即对项目集希望交付的预期收益的定义和形成，贯穿于项目集计划过程的核心活动，目的是从收益的早期识别预期收益到收益成功实现的整个过程；单个项目交付成果不仅有助于项目集中其他项目开展，而且还有助于实现整个项目集期望收益。财务管理理论认为收益管理是通过对微观经济、企业管理、数理统计等知识的运用，制定合理的产品价格并进行动态调控。

已有研究中，众多学者从不同角度阐述并界定了收益管理的含义，本部分将已有概念从以下三个视角进行归纳：

（1）功能视角。基于这一视角的概念主要强调收益管理能帮助实现企业收益最大化，或者优化企业收益。例如，Donaghy 等（1995）认为，收益管理是一种企业收益的管理工具，并应逐渐发展成为一种利润管理工具。Farbey 等（1995）认为，收益管理具有帮助企业管理项目的预期收益与"意料之外"收益的功能。杨思梁和刘军（1998）与 Kimes 和 Wagner（2001）认为，收益管理是一种阶梯定价工具，将产品按不同的价格适时地卖给不同类型的顾客，企业从中获得收益。汪明霞（2005）认为，收益管理能够在需求随机的条件下，对企业固定的生产能力进行合理、有效的分配，帮助企业实现收益最大化。收益管理能帮助企业控制项目的动态实施过程。

（2）过程视角。基于这一视角下的概念主要强调收益管理是一种过程控制工具，通过控制企业收益形成的过程而帮助企业达到收益最大化。例如，Ward 等（1997）认为，收益管理是项目集管理中确认、识别项目集内部优先级和预期收益的交付过程。Lin 和 Pervan（2004）认为，收益管理即评价收益并保证项目获得预期收益的过程。Littlewood（2005）认为，收益管理是一种通过市场细分，对各个子市场的消费者行为进行分析、预测并确定最优价格和最佳存量分配，以实现收益最大化的过程。Reiss（2006）认为，收益管理是通过对产生组织变更的项目群进行优化与管理，最大化实现总的项目群收益的过程。Badewi 和 Shehab（2016）认为，收益管理是一种规划、组织、执行、控制、转移和支持组织变更的过程，其可通过有效的项目管理过程控制，产生符合预期项目的收益。

（3）实质视角。基于这一视角的概念重在强调收益管理本质上是一种基于市场和消费者行为预测的定价策略或工具。例如，Cross（1997）认为，收益管理是一种微观市场上根据所预测消费者行为制定的生产计划和销售价格的策略。陈志刚（2003）认为，收益管理的实质是一种根据不同的细分市场，按照不同的价格出售产品，使总体收益最优化的价格歧视工具。

从上述的归纳可以看出，虽然不同学者从不同角度描述与界定收益管理，但是企业实施收益管理的目的终归是一致的，即在细分市场，基于消费者和市场的行为预测实施收益管理，最终达到企业收益最大化。

二、收益管理常见策略

在上文收益管理各视角下的内涵表述中，反复出现的关键词"市场细分"、"多级价格"和"库存分配"等，是收益管理的代表性特点。通过文献阅读，本部分解释了这些关键名词，进而总结收益管理常见的策略如下：

（1）市场细分。市场是一个复杂的有机体，由产品和服务的生产者与产品或服务的消费者构成。根据马斯洛需求层次理论，市场中消费者的需求层次、消费偏好和消费能力是多元的、多层次的、递阶的，这使市场结构也呈现出相应的多元化、多层次的复杂结构。通过对市场和消费者需求进行分析与预测，可为不同层次的消费者（群体）提供不同层次、不同价格的产品或服务，使企业资源的分配更加优质，有助于实现企业利润最大化（Cross，1997；Cross and Books，2002；Levin et al.，2008）。

（2）多级价格体制。尽管 Donaghy 等（1995）提出收益管理应将成本因素纳入收益管理工具的观点，但目前价格仍旧是收益管理考虑的重点，而非成本。这一点区别于传统的管理方法。传统管理的做法是在市场需求表现较好时增加生产能力，在市场需求低谷时相应地减少生产能力，使产品定价高于成本，即产品或服务的定价是企业以其成本为基准而选择的可接受利润水平。在收益管理中，首先假定生产或服务能力在一定时期是保持固定的，而且变动成本为零，基于这两项假设，收益最大化才能称为利润最大化。在收益管理中，定价不考虑成本，价格的设定以消费者群体可接受的价格为准，即价格是各个细分市场愿意支付的最高价格（Feng and Gallego，1995；Bitran and Mondschein，1997；Weatherford and Belobaba，2002；Kimes，2002；Popescu，2003；Bitran and Caldentey，2003；Maglaras and Meissner，2006）。

三、收益管理模型及其应用

通过文献阅读，本部分总结已有收益管理模型的研究为以下几方面：

（1）消费行为收益管理模型。例如，Talluri（2004）研究了消费者选择随机情况下的收益管理模型。Ovchinnikov 和 Milner（2010）提出顾客在购买产品时会出现随机消费和等待剩余库存降价两种消费行为，认为企业在制定计划时应该将客户的这种两种消费行为整合到企业的收益管理决策中，并提出了一种通用同时允许随机消费需求和随机等待的模型（Adelman，2007；Talluri，2004；Zhang and Cooper，2005；Ovchinnikov and Milner，2010；Koenig and Meissner，2016）。

（2）网络收益管理模型。例如，Gallego 等（2015）基于非独立需求的网络收益管理的现状，提出了在基本吸引力模型基础之上的广义的吸引力模型，得到了网络收益管理模型。

（3）收益管理战略模型。例如，胡杨（2013）首先将收益管理和项目集生命周期进行横向的平行搭接，对各个处于项目集生命周期不同阶段的收益管理任务进行介绍；其次将处于初始阶段的收益管理战略和项目集的规划阶段进行整合，明确规划阶段和收益管理战略的目标导向性；最后以战略决策管理和关系人管理为框架和工具，纵向细化出项目集收益管理战略模型（Robert，1997；Noone et al.，2013；Belobaba and Farkas，1999；Smith et al.，1992）。

（4）收益管理模型的应用研究。例如，Mitra（2007）提出再造产品（Remanufactured Products）的收益管理模型。Azadeh 等（2014）研究了收益管理在服务性公司的应用。Kimes 和 Wirtz（2015）研究收益管理在营销管理中的应用，并指出了收益管理目前可以应用到餐饮、汽车租赁、运输，甚至医疗服务等领域中。Azadeh 等（2014）通过研究北美和欧洲的流程工业公司的收益管理模型，发现收益管理对流程工业公司利润的影响，以及实施收益管理的主要障碍。

四、收益管理的行业适用特性

收益管理是一门边缘交叉的学科，涉及运筹学、管理科学、市场营销、计算机技术、经济学等众多学科。随着收益管理成功扭转美国 20 世纪 70 年代的航空运输业"危机"，其逐渐被其他众多行业的接受并使用。虽然这些行业具有不同的特点，但已有文献基于收益管理在航空运输业、酒店服务业等的成功使用，总结出适用收益管理行业的一般的共同特征（Kimes et al.，1998；施若和顾宝炎，2009；Boyd and Bilegan，2003）：

（1）易失性存货。易失性，也称时效性，要求产品或服务在特定的时间点被销售，否则企业将永久性地损失未售库存带来的潜在收益，且不可补偿。易失性是服务性产品的重要特征。

（2）固定服务能力或容量。企业生产产品和服务的能力应是刚性的，如航空运输业与铁路运输业的设备、载客量，酒店的设施与接待能力等。固定能力或容量，是指生产或服务系统一旦建成，系统内部的能力或容量难以轻易改变，只能通过获取系统外资源来改变。然而，系统外资源的获取需要付出额外的成本，甚至是高额的成本。在企业生产产品或服务能力短期无法轻易变动的情况下，高效地利用现有资源禀赋，成为实现企业收益最大化的必要条件。

（3）需求随机波动性。如果需求确定却无波动，企业无须采用收益管理，仅须通过调整生产产品和服务能力来满足顾客需求。当顾客需求呈现季节性或时段性波动时，企业实施收益管理，在需求旺季提高价格，增加企业的获利；在需求淡季通过打折等策略来减少资源闲置。

（4）可预测需求。产品或服务的销售风险源于消费者（群体）的需求波动。通过对历史数据进行整合与分析，以增强对市场需求的预测，可以在一定程度上降低这种风险。因此，收益管理适用的行业，其需求是可预测的。这使管理者得以在低需求期提高产品或服务能力的使用率，在高需求期，通过价格调整和控制折扣，将有限的产品或服务能力预留给更有价值的顾客来提高收益，实现总体收益的最大化。

（5）高固定成本，低边际成本。这一特征是指企业的初始投入大，但是每增加生产一个单位的产品或服务时，所产生的边际成本相对较低。以航空运输业为例，航空公司每多增加一名乘客，其边际成本仅是一份航空食品的费用。

（6）产品或服务具可预售性。企业面对需求多元的顾客采取收益管理，一方面，通过提前预订，以一定的折扣将资源预售给对价格敏感度较高的顾客，以降低资源闲置率；另一方面，设置限制条件，防止对时间或服务敏感度较低的顾客以低价购买资源，造成高价顾客潜在收益的流失。

（7）市场可细分性。不同的消费者（群体）对于产品或服务特性组成的敏感度与效用存在差异性。通常情况下，消费者的产品或服务的特性组成包括价格、时间、地点、消费习惯和特征方式等，针对这些特征，不同消费者（群体）的偏好呈现差异性。这种差异也进一步造成市场细分，以及产品或服务的多级价格体系。

（8）市场参与者成熟、理性。市场参与者的成熟与理性，有助于促进行业收益的共同增长。

（9）企业信息化水平高。引入收益管理的企业须具备高水平的信息化，这一特征主要是由于收益管理实施过程中，复杂的数据处理采集、分析和预测需要计算机进行辅助。若企业信息化程度低，海量数据实时采集和转换难以实现，数据分析、需求预测、优化计算等也无法快速完成，影响市场预测和决策的实时性、有效性和科学性。

第四章

体验营销企业收益的影响因素

由于体验营销项目涉及的利益相关方较多，且项目建设工程投入成本较大，体验营销企业作为体验营销项目的核心成员与实施单位，其在项目中所获得的收益大小不仅关系到客户企业的收益，更关系到目标消费群体的接受度。体验营销企业并行开展项目的数量与种类较多，因此如何科学管理其收益，使其在保证项目质量的前提下，获得更大的经济效益和社会效益，首先需要明确影响体验营销企业收益的影响因素，只有这样才能更加有针对性地进行管理。为此，本章主要研究影响体验营销企业收益管理的影响因素。

本章从数字化发展对体验营销企业的影响出发，根据体验营销企业日常运营的主要项目，将数字化背景下体验营销企业的项目类型划分为巡展类、店装类和活动类三种。为了明确影响体验营销企业收益的主要因素，拟先通过对已有文献的定性分析，总结提炼影响这三类项目体验营销企业收益的共性因素和特性因素，并在此基础上，从客户企业、目标消费群体、体验营销企业三个子系统构建系统动力学模型，根据体验营销企业收益中不同因素和变量之间的关系，建立系统因果回路图，并选取其中的主要因素做进一步的研究，建立影响体验营销企业收益的 SD 模型流图。以系统动力学软件 Vensim 为工具，分析体验营销企业收益管理主要考虑的因素。为后续体验营销企业建立相应的收益管理模式提供依据，解决研究的先导性问题。

第一节　影响因素定性分析

通过对已有相关文献的综述，结合数字化背景下体验营销企业的实际情况，对影响体验营销企业收益的资源及参与方（主要为客户企业、目标消费群体和体验营销企业自身）进行总结提炼。初步得到影响体验营销企业收益的资源及相关参与方以及各参与方关注的具体要素，以及研究了它们如何影响体验营销企业的收益。

一、客户企业对体验营销企业收益的影响

客户企业指用金钱或某种有价值的物品来换取接受财产、服务、产品或某种体验的组织，是商业服务或产品的采购者，并在其企业内部将服务

附加到自己的产品上，再销售给其他消费者以赢取利润。在体验营销项目中，客户企业与体验营销企业之间采取合同的方式进行合作，客户企业提供资金，体验营销企业提供服务、创意以及产品现场布置（付波，2011；褚笑清，2016）。客户企业对体验营销企业收益的主要影响因素有：

（1）客户企业的资金供给不到位。客户企业作为体验营销项目的投资主体，是体验营销企业与消费者之间的桥梁，将消费者的意愿与想法提供给体验营销企业。资金的不及时到位可能会造成项目实施进度的缓慢、企业员工积极性的降低，将很难保证项目的质量，直接影响项目成本。

（2）客户企业的要求变更对体验营销企业收益的影响。客户企业的整体目标都是提高品牌的知名度，扩大品牌影响力和提高市场占有率，从而获取更大的收益。体验营销企业必须在销售事前了解客户企业及其市场的供求需要，否则事后的"硬销售"广告，只是一种资源的浪费。但依据不同的项目，客户企业还会有不同的预期目标，如销售额、参观人次、购买人数、消费者体验及感受、投入成本、可持续影响力等，在项目实施过程中，客户企业会依据环境、市场需求及项目实施整理效果对体验营销企业进行要求变更，要求的变更会对项目成本、质量、合同管理、技术、风险产生直接影响，进而对收益产生间接影响。①时间约束，有合理明确的施工工期时间限制；②资源约束，即有一定的资金、人力、物力等资源限制；③技术约束，即实施体验策划方案时，需要考虑实际技术的可行性，避免由于缺乏必需的技术和管理，无法吸收并有效地使用各种资源，从而影响项目目标；④顾客习惯约束，顾客对特定使用情景下有助于实现自己目标和目的的产品属性，这些属性的实效以及使用的结果所感知的偏好与评价。

（3）客户企业的类型对体验营销企业收益的影响。客户企业的类型的不同会造成体验营销项目种类的繁多，体验营销企业并行开展项目的数量与种类较多，不同项目在执行过程中的管理成本不同，客户企业对营销（包括各个营销阶段）的预期目标、预算，以及项目执行的环境等的差异性，都造成了各项目对体验营销企业收益的贡献以及管理方式不尽相同，这些无疑将加大体验营销企业实施收益管理的难度与必要性。本书从数字化发展对体验营销企业的影响出发，根据体验营销企业日常运营的主要项目，将数字化背景下体验营销企业的项目类型划分为巡展类、活动类和店装类三种。①巡展的收益构成主要包括硬体的道具制作和软体的服务费的收取，硬体道具的制作包括带有设计感的工艺制品、柜台的装饰制作和搭建，通过工时和制作成本之外获取相应的利润，软体的服务包括模特、礼仪、主持人现场的服务费用，通过计算时长来收取费用，不同等级的服务人员收取的费用有明显的区分，尤其是外模的市场价格比国内模特高出30%~40%。②活动的收益构成中现场道具占了很大一部分，主要的利润来源于晚宴的餐宴、演员的费用、场地费用等。巡展的场地费用由商场赞助，而举办活动的场地在酒店中进行，收取的费用很高，而且有很多的要求和限制。尤其是明星的出场费用，少则几十万元，多则上百万元，利润很低。活动比巡展的利润低10%，但因为大型活动的总金额较高，能够提高扩充公司的整体营业额。而数字化的活动和巡展是一样的，很多数字化的互动体验替代了费用较高的节目，让人们有更精彩的沉浸式体验。③店装的数字化可以极大地提高企业在行业内的竞争力，原有的店装业务主要利润来源于硬体柜台的制作、店铺的设计费用、人工搭建的费用等。经过数字化改造的店铺在较小投入后可以大大提升利润，同时给客户带来的体验也完全不同，在直观的销售上，能够提高10%~15%的收益。

二、目标消费群体对体验营销企业收益的影响

目标消费顾客是指企业的产品或者服务的针对对象，是企业产品的直接购买者或使用者，只有确立了消费群体中的某类目标客户，才能展开有效且具有针对性的营销事务。体验营销企业通过数字化的改变，给广大消费者带来了强烈的沉浸式体验感，同时融入互动的内容，增强了趣味性，提升了消费者的购买欲望和满足感，进而促进了产品的销售价值。目标消费群体对体验营销企业收益的主要影响因素有：

（1）目标消费群体的品牌偏好。消费偏好是指消费者对特定的商品、商店或商标产生特殊的信任，重复、习惯地前往一定的商店，或反复、习惯地购买同一商标或品牌的商品。随着信息化与数字化时代的到来，消费群体对于品牌的价值认可度逐渐开始新的转变，考虑的因素会有很多，如产品的品质、品牌价值、品牌核心价值的持续性、产品技术投入、社会流行趋势等（陈立彬等，2016；李艺等，2021）。因此要对目标消费群体进行必要的需求分析，通过建立一个高效率的及时、互动、零距离的精准沟通体系，向客户进行服务展示、产品展示，并对客户购买产品的欲望、用途、功能款式进行逐步发掘，将客户心理模糊的认识以精确的方式描述并展示出来（周涵，2019）。体验营销作为一种区别于传统的商业模式，形式新颖

多样，针对性强，且易引起消费者内心的共鸣，在实现"中国产品向中国品牌转变"的目标，提升中国品牌的国际认知度，扩大中国品牌影响度的进程中，可谓是一件锋利坚韧的武器。

（2）用户体验对体验营销企业收益的影响。用户体验是贯穿于整个体验营销过程的，可以直接影响到消费者的下一次购买决策以及对产品的口碑评价。用户体验取决于顾客所体验的服务质量与其所预期的产品质量的差异，其实际感受超出预期越多，顾客的总体感知就会越好（李嵘，2016）。顾客对服务质量的感知受到许多因素的影响，包括营销传播、口碑、企业形象、价格、顾客需要与价值等。

互联网时代背景下的消费者与以往的消费者有着很大的不同，他们占据了更加有利的市场地位，不再局限于购买成品，个性化需求更加重要。消费者更加乐于发挥自身的想象力与创作，主动参与到产品的生产流通中去，比如定制产品，选择付款方式、物流方式与商品的组合购买等。现在的消费者越发理性与挑剔，对产品功能和操作的要求是最基本的，消费者更加追求的是整个消费购物的体验（Chang，2018；Song et al.，2019）。

（3）口碑评价对目标消费群体购买愿意的影响。随着全球范围内数字化技术的进步，网络嵌入式地进入人们的日常生活，使网络平台成为实现与完成线上、线下互动的重要载体；越来越多经济、有效的新型媒体出现，使人、事、空间都已成为体验营销信息传播的媒介，口碑传播也逐渐影响消费者的购买意愿与对企业的信任。口碑传播是信息交流的过程，口碑通过对消费者态度的强化或转化实现其对消费者实际购买行为的影响（Libai et al.，2013）。正面的口碑评价会形成口碑营销理念，通过向消费者传递有价值的信息和服务，消费者群体会自发地形成相互传播信息的氛围，企业可以充分利用这种口碑传播来扩展自身的营销渠道（涂荣庭等，2018）。但是负面的口碑评价会大大影响企业的产品形象，影响客户企业的销售额与收益，进而间接影响体验营销企业的收益（杜骁，2015；Wook，2020）。

（4）目标消费群体的发掘。企业需要对目标消费群体进行调查研究，以了解其所需所好。如需求动机调查、消费者的购买意向、影响消费者购买动机的因素、不同消费者的不同购买行为、消费者的购买模式、影响消费者购买行为的社会因素及心理因素等。在此基础上发现现有消费者与潜在消费者：第一，挖掘、获得、发展和避免流失有价值的现有客户；第二，更好地认识实际的或潜在的客户；明确目标消费群体的消费观念、收入、目的、价值观等。

三、体验营销企业自身对其收益的影响

在当前的数字化背景下，信息的传播呈现"碎片化"，定向传播遇到了很大的困难，甚至品牌的自有传播渠道都不具备有足够的影响力，只有占领移动终端，让人们参与其中，通过数字化的游戏，AR、VR 等新技术的应用，打造出沉浸式的体验才能够让人们产生兴趣，当人们真正融入数字化场景后，再通过朋友圈自发地分享、朋友的推荐互动，才能使品牌快速、准确地获取精准人群（董思维等，2021）。

（1）成本的控制与管理对其收益的影响。成本的控制与管理是指企业生产经营过程中各项成本核算、成本分析、成本决策和成本控制等一系列科学管理行为的的总称。体验营销企业投入的成本依据不同类型的不同而不同，巡展类项目的成本主要为道具制作和服务费，如设计费用、演员演出费、模特费用、服装费、道具费等；活动类项目的成本主要包括场地费、活动用餐费、演员演出费及道具费用；店装类项目的成本主要包括硬体柜台的制作、店铺的设计费用、人工搭建的费用等。因此成本的管理是增加企业收益的直接影响因素，企业需要更好地配置各种资源（李妙怡，2020），如更加科学的库存管理、人员分派、科学的成本核算等，能够不断地改进产品和服务，提高客户的满意度，从而建立牢固的客户关系，牢牢把握最有价值的客户资源，以期用最小成本实现企业利润最大化。

（2）企业员工的管理与激励对其收益的影响。员工是企业最重要的资源，人力资源投入的程度和效果明显影响着企业的竞争力，如何创造利润已经不再是企业唯一探讨的话题。如何面对人才流失，也已经成为企业研究讨论的重要内容。整体员工的素质及忠诚度对企业的经营管理成效和经济效益有着决定性的影响。企业员工的积极性及创造性越高，体验营销项目的质量及效果越好，客户的满意度也越高，会使企业的收益越高，也能为企业创造更多的价值，反之亦然。体验营销企业需要根据自己特定的企业文化及组织结构来制定适合企业发展的员工激励机制，如健全核心人才薪酬制度、采取个性化激励措施、物质激励与非物质激励相结合，以提升企业员工稳定性，使其积极热情地投入到工作中，促进企业可持续发展（崔勇，2013）。

（3）时间进度安排对其收益的影响。体验营销企业并行开展项目的数

量与种类较多，不同项目在执行过程中的资源、技术等要求不同，客户企业对营销（包括各个营销阶段）的预期目标、预算、工期以及项目执行的环境等的差异性会给体验营销企业带来一定的难度，在现实中由于企业人员分配不足、时间安排不合理等会造成对企业要求工期的延后及项目质量的降低，进而影响企业的收益。因此企业领导者需要派专人对交叉项目或并行项目进行时间管理，把项目目标细化，制定年度目标—季度目标—月度目标—周目标—日目标，以期高效率地完成项目。

（4）风险管理对其收益的影响。风险管理（Risk Management）是指如何在项目或者企业一个肯定有风险的环境里把风险减至最低的管理过程，是指通过对风险的认识、衡量和分析，选择最有效的方式，主动地、有目的地、有计划地处理风险，以最小成本争取获得最大安全保证的管理方法（王乔冰，2020）。体验营销企业在项目实施工程中主要面临的风险有市场风险、信用风险、资源风险等。①企业制定合理的风险管理方案有利于维持企业生产经营的稳定。有效的风险管理，可使企业充分了解自己所面临的风险及其性质和严重程度，及时采取措施避免或减少风险损失，或者当风险损失发生时能够得到及时补偿，从而保证企业生存，并迅速恢复正常的生产经营活动。②风险管理有利于提高企业的经济效益。一方面，通过风险管理，可以降低企业的费用，从而直接增加企业的经济效益；另一方面，有效的风险管理会使企业上下获得安全感，并增强扩展业务的信心，增加领导层经营管理决策的正确性，降低企业现金流量的波动幅度。③风险管理有利于企业树立良好的社会形象。有效的风险管理有助于创造一个安全稳定的生产经营环境，激发劳动者的积极性和创造性，为企业更好地履行社会责任创造条件，帮助企业树立良好的社会形象。

第二节　影响因素定量分析

定量分析是在上述定性分析的基础上，更进一步地对影响体验营销企业收益的相关资源及参与方主要关注的要素及要素之间的关系进行分析，最终得到影响体验营销企业收益的主要因素及其对体验营销企业收益影响的具体程度。

一、模型构建理论与方法

（一）系统动力学概念

系统动力学（System Dynamics，SD）的创始人为美国麻省理工学院（MIT）的福瑞斯特（Forrester）教授。系统动力学是福瑞斯特教授于1958年为分析生产管理及库存管理等企业问题而提出的系统仿真方法，最初叫工业动态学（王其藩，1995；许光清和邹骥，2005）。系统动力学是系统科学理论与计算机仿真紧密结合、研究系统反馈结构与行为的一门学科，也是一门认识和解决系统问题综合性的新学科。系统动力学以系统结构、自动控制和信息传递等知识为基础，吸取系统论、控制论、信息论、计算机模拟技术、管理科学及决策论等学科知识，能有效沟通自然科学和社会科学等领域（Lychkina，2009）。

从系统方法论来说，系统动力学是研究信息反馈系统动态行为的计算机仿真方法，把信息反馈的控制原理与因果关系的逻辑分析结合起来，面对复杂的实际问题，从研究系统的微观结构入手，建立系统的仿真模型，并对模型实施各种不同的"政策试验"，通过计算机仿真展示系统的宏观行为，寻求解决问题的正确途径，即系统动力学模型能够处理高阶次、非线性、多重反馈的复杂时变系统的有关问题。目前应用系统动力学在世界范围内得到广泛的传播，已经被应用到各种问题中：从物理学到生理和心理学，从军备竞赛到缉毒，从全球气候变化到组织变革，从宏观调控到城市规划等很多领域。

系统动力学模型由变量、参数和函数关系三项要素构成。内生变量是指系统输入作用后在系统输出端所出现的变量，属于不可控变量；外生变量是一个可控变量，形成系统的输入；状态变量是表示系统内全体属性的一个表征量；系统的环境设置可以通过参数来描述。

（二）模型构建原则

（1）全局性原则。应用系统动力学建模，应遵循系统分析的原则，从全局的角度出发，研究分析系统中的各个组成及其相互影响关系，而不能只是孤立地研究一个或几个因素，即应全面地、综合地考虑系统中涉及的各个因素。

（2）相关性原则。系统动力学模型中各个变量之间必然存在着一定的相关性，相互影响、相互作用的各个变量才形成了完整的、能够反映实际问题的模拟系统，也只有这样，才能保证模型具有科学性和说服性。

（3）重点性原则。现实中的问题往往是复杂的大系统，其内部各影响因素之间的关系错综复杂，但在将实际问题提升到模型研究的高度时，就应该选择有代表性的、相关性大的因素进入系统，选取重点来表达系统的结构和功能。

（4）一致性原则。系统动力学模型中的各个变量和常量都应与现实问题中的因素在数量和概念上保持一致，此外，模型中涉及的各变量的量纲和表达形式也必须保持一致，这样才能保证模型能够有效地反映现实问题。

（三）系统动力学建模步骤

系统动力学建模是通过因果关系图、存量流量图建立结构模型，然后建立变量间的数学关系方程。一方面，建模是一个反复的过程，不是步骤的线性排列，模型需要经历经常的反复、持续的质疑、测试和精练；另一方面，有效的建模是在现实世界与虚拟世界之间不断反复实验和学习，建模不是产生绝对答案的一次性活动，而是在模型代表的虚拟世界和行动代表的现实世界之间的持续循环过程。系统动力学建模步骤如图4-1所示。

（1）明确问题，确定系统的边界。针对所要研究的实际问题，说明问题提出的背景、问题中涉及的关键变量、问题的研究时限以及必须掌握的基本资料和数据等内容。

（2）提出动态假说。提示解释所研究问题的行为的假说，然后确定关系，绘制系统结构图：模型边界图、子系统图、因果回路图、存量流量图等。

（3）写方程。系统动力学实践包含大量测试，可以在写方程阶段，用来找出方程式的缺陷并改进对系统的理解。

（4）模型仿真测试。将存量流量图中各因素间的关系用数学方程的形式表示，形成一套系统动力学方程，并输入计算机进行模拟计算，测试所建立的模型是否能够较为准确地表现所研究问题过去的行为。

（5）政策设计与评估。借助最终形成的模型，结合研究问题实际，通过调控模型中各参数变化，来观察各种变化对最终结果的影响程度，做出相应的策略分析。

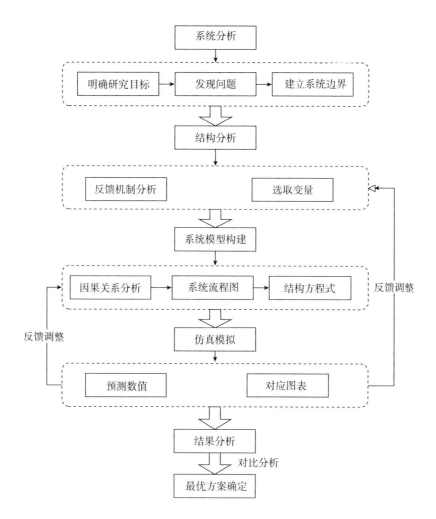

图 4-1　系统动力学建模步骤

（四）系统动力学软件——Vensim

Vensim 是一种可视化建模软件，可以将系统动力学概念化和文档化，并能对模型进行仿真、分析和优化。Vensim 提供了简单而灵活的建模方式来绘制因果关系图和存量流量图，并在图上进行仿真。它通过文字以及文字间的箭头来表示和记录系统变量间的因果关系，在此基础上，使用公式编辑器来完成仿真模型的建立。在使用 Vensim 建模的过程中，可以分析所建立的模型，包括变量的使用及其因果关系和因果关系回路。当一个可用于仿真的模型建立起来以后，可以使用 Vensim 深入研究模型的行为。总之，Vensim 是系统动力学研究领域应用最广泛的建模和仿真软件，包含系统动力学研究中的几乎所有标准函关系（贾国柱和王相丽，2009；何青原，2011）。

二、系统动力学模型构建

（一）系统界定

本部分研究的是体验营销企业收益的影响因素，根据体验营销企业日常运营的主要项目，将数字化背景下体验营销企业的项目类型划分为巡展类、店装类和活动类三种。根据系统动力学建模的相关性、重点性原则，除了以上涉及的关于数字经济发展自身的变量外，还应该涵括有代表性的、相关性大的因素进入系统，表达系统的结构和功能，以保证系统的完整性。涉及对象主要包括影响体验营销企业收益的资源及参与方：客户企业、目标消费群体和体验营销企业。

（1）巡展类项目。巡展是展览的一种形式，是通过时间、地点或目标市场的转换来达到展览目的的行为。巡展类项目是客户企业（乙方）受巡展的主办方（甲方）的委托，承担主办方的委托与要求，通过对巡展的构思、策划、设计、实施、性能、特点等全部内容进行描述，并对项目进行定价、投标、谈判，最终签订合同，实施交换以满足顾客需要，实现双赢的过程。

1）客户企业。在体验营销项目中，客户企业与体验营销企业之间采取合同的方式进行合作，客户企业提供资金，体验营销企业提供服务、体验以及产品现场布置。客户企业资金的不及时到位可能会造成项目实施进度的缓慢、企业员工积极性的降低，并很难保证项目的质量，直接影响体验营销企业的收益；在项目实施过程中，客户企业会依据环境、市场需求及项目实施整理效果对体验营销企业进行要求变更，要求的变更会对项目成本、质量、合同管理、技术、风险产生直接影响，对收益产生间接影响。

2）目标消费群体。体验营销企业通过数字化的改变，给广大消费者带来了强烈的沉浸式体验感，同时融入互动的内容，增强了趣味性，提升了消费者的购买欲望和满足感，进而达到促进产品的销售价值增加的作用。巡展类项目主要是为了提高品牌的知名度，扩大品牌影响力和提高市场占有率而进行的"点"式宣传，即通过时间、地点或目标市场的转换来达到展览的目的。信息的传播呈现"碎片化",利用当前比较热门的营销平台及手段,如数字化游戏、3D技术、微博网络红人宣传、微信公众号推广、快手推广等进行品牌推广,使品牌能快速准确地获取精准目标消费群体。但目标消费群体的品牌偏好、品牌价值、品牌核心价值的持续性、用户体验满意度、社会价值观、社会流行趋势、营销策略、口碑评价等因素都会影响其对企业产品的判断,影响企业预期目标的实现,从而影响营销企业的收益。

3)体验营销企业。巡展类项目是通过数字化的改变,带有强烈的沉浸式体验感,同时融入互动的内容,增强项目的趣味性。巡展类项目的成本主要包括道具制作和服务费,如设计费用、演员演出费、模特费用、服装费、道具费等,成本的管理是增加企业收益的直接影响因素,企业需要更好地配置各种资源,如更加科学的库存管理、人员分派、科学的成本核算等,能够不断地改进产品和服务,提高客户的满意度,从而建立牢固的客户关系,牢牢把握最有价值的客户资源,以期以最小成本实现企业利润最大化。同时,企业员工的管理与激励、时间进度安排、风险预防管理等也利于提高企业的经济效益,有效的风险管理有助于创造一个安全稳定的生产经营环境,激发企业员工的积极性和创造性,为企业更好地履行社会责任创造条件,帮助企业树立良好的社会形象;合理的时间进度安排有利于提高项目执行效率,成本也会降低。相反,工期的拖延会造成成本的大大提高。整理出巡展类项目营销企业收益的主要因素关系如图4-2所示。

(2)店装类项目。店装类项目主要是营销企业对实体店面进行店面装饰与设计,主要包括招牌设计、店门设计、橱窗设计、外部照明设计、壁面照明、品牌特色设计等。店装体现产品特色,要将产品特色和装修风格融为一体,这样是对产品的一种宣传,顾客会感觉产品有吸引力,因此而埋单从而提高销售量。

1)客户企业。客户企业作为体验营销项目的投资主体,是体验营销企业与消费者之间的桥梁,将消费者的意愿与想法提供给体验营销企业。体验营销企业必须在销售事前了解客户企业及其市场的供求需要,明确项目客户企业(甲方)的需求,如提高商品的知名度和认知度、加强社会公众对企业和商品品牌的印象、提高消费者对品牌的指名购买率、维持和扩大广告品牌的市场占有率等,否则事后的"硬销售"广告只是一种资源的浪费。与巡展类项目一样,客户企业对于合同的执行力、要求的变更、企业影响力的大小都会对体验营销企业的收益产生一定的影响。

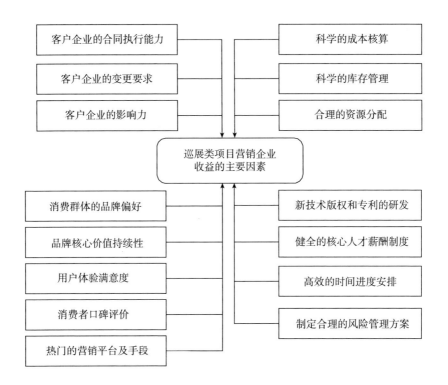

图 4-2 巡展类项目影响营销企业收益的主要因素关系

2）目标消费群体。店装类项目主要是对实体店面进行店面装饰与设计，通过建立一个高效率的及时、互动、零距离的精准沟通体系，向客户进行服务展示、产品展示，把握消费者对产品的接受程度与反应效果。并通过数字化的改变，给广大消费者带来强烈的沉浸式体验感，同时融入互动的内容，增强趣味性，提升消费者的购买欲望和满足感，进而促进产品的销售价值。消费者主要享受的是体验服务、总体感知、店面的整体环境等服务，因此提高服务水平、丰富差异化的服务内容有利于提升消费群体的服务满意度，只有针对性地采用不同的服务，满足不同的需求，才能把握核心客户。服务是取得客户信任、开拓市场的基本手段，是企业获取利润、赢得竞争的重要法宝。与巡展类项目一样，目标消费群体的品牌偏好、品牌价值、品牌核心价值的持续性、用户体验满意度、社会价值观、社会流行趋势、营销策略、口碑评价等因素都会影响其对企业产品的判断，影响企业预期目标的实现，从而影响营销企业的收益。

3）体验营销企业。店装的数字化可以极大地提高企业在行业内的竞争力，原有的店装业务主要利润来源于硬体柜台的制作、店铺的设计费用、人工搭建的费用等。经过数字化改造的店铺在较小投入后可以大大提升利润，同时给客户带来的体验也完全不同，但是复制量大，能够提高 10%~15% 的收益。成本的管理是增加企业收益的直接影响因素，企业需要更好地配置各种资源，如原材料、人员、场地、设备、技术等，从而提高企业的经济效益。整理出店装类项目营销企业收益的主要因素关系如图 4-3 所示。

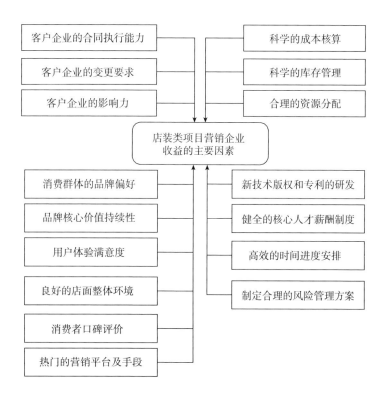

图 4-3 店装类项目影响营销企业收益的主要因素关系图

（3）活动类项目。活动类项目是指广告主制定一项能测定的目标后，为达到这一目标制定广告战略，然后在市场上执行的一类项目，包括以下四个重点：制作适当的销售信息、及时传达给受众、选择适当的时机、合理规划成本。使产品在内容和形式上都具有独家、独创、独到等的体验元素和价值元素，能够最大限度地满足用户的多层次需求，让用户真正觉得物有所值甚至物超所值。

1）客户企业。客户企业提供资金，体验营销企业提供服务、创意以及产品现场布置。数字化的活动和巡展是一样的，很多数字化的互动体验替代了费用较高的节目，让人们有更精彩的沉浸式体验。与巡展类项目一样，客户企业对于合同的执行力、要求的变更、企业影响力的大小都会对体验营销企业的收益产生一定的影响。

2）目标消费群体。企业产品能够为目标消费群体提供品牌核心价值，即产品所能提供的使用价值能够聚焦到一个解决消费者心理冲突的独特利益上，从而让消费者体验到一个可以长期驱动他对品牌偏好的独特品牌价值。活动类项目是一种线下活动，通过模拟演示或消费者的现场体验，具有表现力或说服力，能充分准确展现品牌理念，并能在短期内促进销售，提升业绩，增加收益。与巡展类项目一样，目标消费群体的品牌偏好、品牌价值、品牌核心价值的持续性、用户体验满意度、社会价值观、社会流行趋势、营销策略、口碑评价等因素都会影响其对企业产品的判断，影响企业预期目标的实现，从而影响营销企业的收益。

3）体验营销企业。活动的收益构成中现场的道具占了很大一部分，主要的利润来源于晚宴的餐宴、演员的费用、场地费用等。现场的道具资源的合理配置及管理，会大大降低活动成本，做好不同活动道具的库存管理、运输管理等，会提高企业的经济效益。企业对核心人员的激励措施，有利于员工的积极性与创新性。活动类项目营销企业收益的主要因素关系如图4-4所示。

（二）系统因果关系分析

系统因果回路图是表示系统反馈结构的重要工具，可以迅速表达系统中每一变量之间的全面联系，进而明确表现整个系统所有变量的微观结构，是系统内部结构的直观描述。也就意味着，系统因果回路图可以直观地展示系统变量之间的相关性和反馈过程，清楚地展现系统的运行过程和变量间相互影响、作用的路径。其中，系统因果回路图中，变量之间由因果链联系，因果链由箭头表示，且每条因果链都有极性，箭头上的符号（＋或-）标识了这种关系的极性。正的（＋）极性意味着自变量的增加或减少

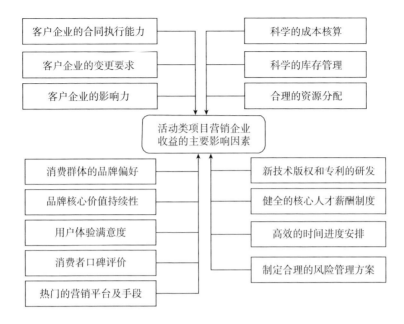

图 4-4　活动类项目影响营销企业收益的主要因素关系

将导致因变量的同向增加或减少；负的（-）极性意味着自变量的增加或减少将导致因变量的反向减少或增加。相应地，由因果链形成的因果回路本身也存在着正反馈回路和负反馈回路，正反馈回路（正用 R 标识）是自我加强的回路，即如果原因增加，结果将高于原来所能达到的程度；负反馈回路（负用 B 标识）则是自我校正的回路，它将原因变动产生的扰动抵消。

在选取进入系统的变量过程中，是在数字化理论、体验营销理论的基础上，根据对系统变量的界定建立体验营销企业收益影响因素的系统动力学因果回路，如图 4-5 所示。

对图 4-5 中所包含的因果关系进行梳理，将构成体验营销企业收益影响因素的几个主导因果关系反馈回路解释如下：

（1）反映客户企业、客户企业影响力、体验营销企业收益间互动关系的反馈回路：体验营销企业→目标消费群体→客户企业→客户企业的影响力→资金到位及时率→企业员工积极性→项目质量/项目进度→体验营销企业收益。

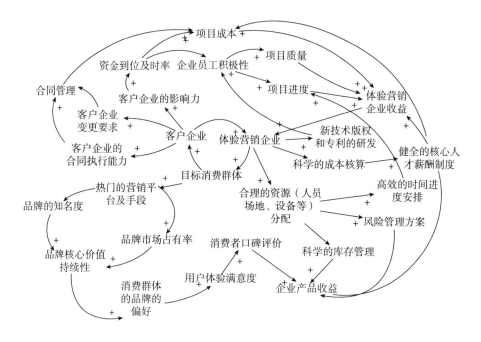

图 4-5　体验营销企业收益影响因素的系统动力学因果回路图

该反馈回路极性为正，在体验营销项目中，客户企业的影响力大小会影响项目资金情况，客户企业资金的不及时到位可能会造成项目实施进度的缓慢、企业员工积极性的降低，并很难保证项目的质量，直接影响体验营销企业的收益。

（2）反映客户企业、合同管理、体验营销企业收益间互动关系的反馈回路：体验营销企业→目标消费群体→客户企业→客户企业的合同执行能力/客户企业变更要求→合同管理→项目成本→体验营销企业收益。

该反馈回路极性为正，在体验营销项目中，客户企业与体验营销企业之间采取合同的方式进行合作，客户企业提供资金，体验营销企业提供服务、体验以及产品现场布置。在项目实施过程中，客户企业会依据环境、市场需求及项目实施整理效果对体验营销企业进行要求变更，要求的变更会对项目成本、质量、合同管理、技术、风险产生直接影响，进而对收益产生间接影响。

（3）反映目标消费群体、品牌价值、体验营销企业收益间互动关系的反馈回路：体验营销企业→目标消费群体→热门的营销平台及手段→品牌的知名度→品牌核心价值持续性→消费群体的品牌的偏好→用户体验满意度→消费者口碑评价→企业产品收益→体验营销企业收益。

该反馈回路极性为正，在体验营销企业中，巡展类项目主要是为了提高品牌的知名度，扩大品牌影响力和提高市场占有率而进行的"点"式宣传，即通过时间、地点或目标市场的转换来达到展览的目的；店装类项目主要是对实体店面进行店面装饰与设计，通过建立起一个高效率的及时、互动、零距离的精准沟通体系，向客户进行服务展示、产品展示，把握消费者对产品的接受程度与反应效果；活动类项目是一种线下活动，通过模拟演示或消费者的现场体验，具有表现力或说服力，能充分准确展现品牌理念，并能在短期内促进销售，提升业绩，增加收益。

（4）反映体验营销企业、企业管理、体验营销企业收益间互动关系的反馈回路：体验营销企业→合理的资源（人员、场地、设备等）分配→科学的库存管理/风险管理方案/高效的时间进度安排→体验营销企业收益。

该反馈回路极性为正，在体验营销企业中，企业员工的管理与激励、时间进度安排、风险预防管理等也利于提高企业的经济效益，有效的风险管理有助于创造一个安全稳定的生产经营环境，激发企业员工的积极性和创造性，为企业更好地履行社会责任创造条件，帮助企业树立良好的社会形象；合理的时间进度安排有利于项目执行效率，成本也会降低，相反工期的拖延会造成成本的大大提高。

（三）建立 SD 模型流图

系统因果回路图可以对系统的结构、功能和相关关系做出定性的描述，但是由于因果回路图无法表达系统中变量的性质，进而无法描述系统管理和控制过程，因此需要在因果回路图的基础上，绘制能够进一步区分变量性质的存量流量图。存量流量图用更加直观的符号刻画系统要素之间的逻辑关系，明确系统的反馈形式和控制规律，是一种结构描述。考虑到系统后期仿真的可操作性以及数据的可获取性，在构建 SD 模型流图时，结合图 4-5 中的因果反馈回路机制，根据影响体验营销企业收益不同因素和变量之间的关系，将因果回路图做了相应的处理，选取其中的主要因素做进一步的研究，并建立体验营销企业收益影响因素的 SD 模型流图如图 4-6 所示。

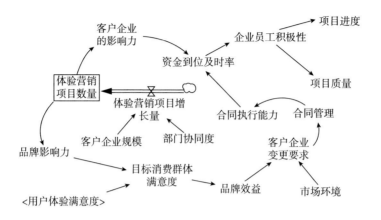

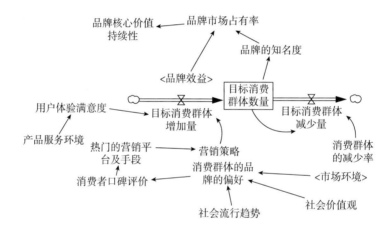

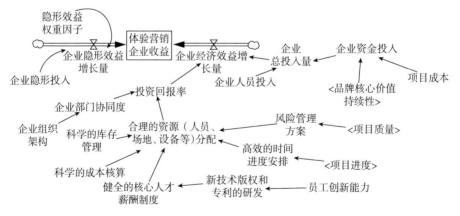

图 4-6 体验营销企业收益影响因素的 SD 模型流图

在系统的构建过程中，本书以可持续发展系统动力学仿真模型研究为维形，根据系统动力学在数字化营销、可持续发展方向的不断深入研究，充分考虑体验营销企业、客户企业、目标消费群体的相互关系与边界，形成了适用于体验营销企业收益管理的系统动力学模型。

（1）客户企业子系统。客户企业作为体验营销项目的投资主体，是体验营销企业与消费者之间的桥梁，将消费者的意愿与想法提供给体验营销企业。体验营销企业必须在销售事前了解客户企业及其市场的供求需要，满足项目客户企业（甲方）的需求，如提高商品的知名度和认知度、加强社会公众对企业和商品品牌的印象、提高消费者对品牌的指名购买率、维持和扩大广告品牌的市场占有率等，否则事后的"硬销售"广告只是一种资源的浪费。客户企业子系统流图如图 4-7 所示。

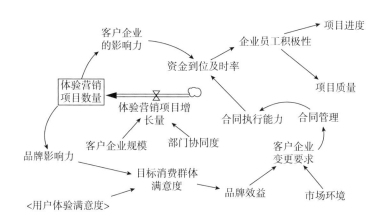

图 4-7　客户企业子系统流图

（2）目标消费群体子系统。随着信息化与数字化时代的到来，消费群体对于品牌的价值认可度逐渐开始新的转变，体验营销企业通过数字化的改变，给广大消费者带来了强烈的沉浸式体验感，同时融入互动的内容，增强了趣味性，提升了消费者的购买欲望和满足感，进而促进了产品的销售价值。目标消费群体的品牌偏好、品牌价值、品牌核心价值的持续性、用户体验满意度、社会价值观、社会流行趋势、营销策略、口碑评价等因素都会影响其对企业产品的判断，影响企业预期目标的实现，从而影响营销企业的收益。目标消费群体子系统流图如图 4-8 所示。

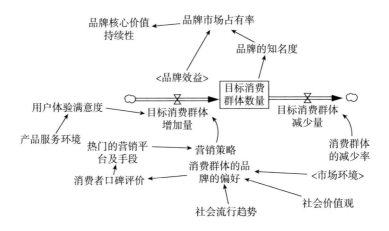

图4-8　目标消费群体子系统流图

（3）体验营销企业子系统。体验营销企业收益包括企业隐形效益增长量与企业经济效益增长量，成本管理是增加企业收益的直接影响因素，企业需要更好地配置各种资源，如更加科学的库存管理、人员分派、科学的成本核算等，能够不断地改进产品和服务，提高客户的满意度，从而建立牢固的客户关系，牢牢把握最有价值的客户资源，以期在最小成本的情况下实现企业利润最大化。同时，企业员工的管理与激励、时间进度安排、风险预防管理等也利于提高企业的经济效益，有效的风险管理有助于创造一个安全稳定的生产经营环境，激发企业员工的积极性和创造性，为企业更好地履行社会责任创造条件，帮助企业树立良好的社会形象；合理的时间进度安排有利于项目执行效率，成本也会降低，相反，工期的拖延会造成成本的大大提高。体验营销企业子系统流图如图4-9所示。

（四）方程式建立

（1）参数说明。系统动力学存量流量图中包含了状态变量、速率变量、常量以及辅助变量等四种主要的参数，下面将就这些参数做简要的说明。

1）状态变量。状态变量是描述系统模型的积累效应的变量，它能够反映物质、能量、信息等对时间的积累，其取值是系统从初始时刻到物质流动或信息流动积累的结果。本书建立的系统模型涉及的主要状态变量有：体验营销项目数量、体验营销企业收益、目标消费群体数量。

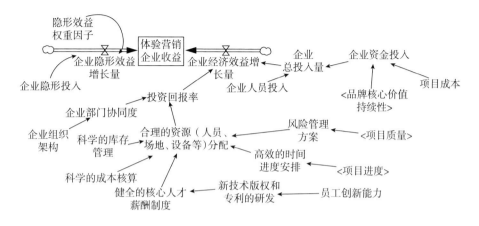

图 4-9　体验营销企业子系统流图

2）速率变量。速率变量是描述系统模型的累积效应变化快慢的变量，它能够描述状态变量的时间变化，反映系统的变化速度或决策幅度的大小。本书建立的系统模型涉及的主要速率变量有：体验营销项目增长量、目标消费群体增加量、目标消费群体减少量、企业隐形效益增长量、企业经济效益增长量。

3）常量。常量是指在研究期间变化甚微或相对不变的量，一般为系统模型中的局部目标或标准。本书建立的系统模型中涉及的主要常量有：隐形效益权重因子、消费群体的减少率、客户企业规模、市场环境。

4）辅助变量。辅助变量就是状态变量和速率变量之间信息传递和转换过程的中间变量，用于描述决策过程中间环节，是分析反馈结构的有效手段，也是系统模型化的重要内容。本系统模型中涉及的辅助变量众多，在此不再逐一进行说明，而是重点说明以下几个辅助变量：目标消费群体、客户企业的影响力、资金到位及时率、企业员工积极性、项目质量、项目进度、品牌的知名度、品牌核心价值持续性、消费群体的品牌偏好、用户体验满意度、消费者口碑评价等。

（2）重要方程式建立。

目标消费群体数量＝INTEG（目标消费群体增加量－目标消费群体减少量，0）

体验营销项目数量＝INTEG（体验营销项目增长量，0）

体验营销企业收益＝INTEG（企业经济效益增长量＋企业隐形效益增长量，0）

项目质量＝企业员工积极性×0.476

项目进度＝企业员工积极性×0.875

资金到位及时率＝合同执行能力×客户企业的影响力

企业员工积极性＝资金到位及时率×0.256

企业总投入量＝企业人员投入×0.3＋企业资金投入×0.7

企业经济效益增长量＝企业总投入量×投资回报率

企业隐形效益增长量＝企业隐形投入×隐形效益权重因子

健全的核心人才薪酬制度＝0.736×新技术版权和专利的研发

体验营销项目增长量＝客户企业规模×0.5＋部门协同度×0.5

合同执行能力＝合同管理×0.786

合同管理＝客户企业变更要求×0.785

合理的资源（人员、场地、设备等）分配＝健全的核心人才薪酬制度×0.2＋科学的库存管理×0.2＋科学的成本核算×0.2＋风险管理方案×0.2＋高效的时间进度安排×0.2

品牌市场占有率＝品牌效益×品牌的知名度

品牌核心价值持续性＝0.752×品牌市场占有率

客户企业变更要求＝品牌效益×0.5＋市场环境×0.5

投资回报率＝企业部门协同度×0.3＋合理的资源（人员、场地、设备等）分配×0.7

新技术版权和专利的研发＝员工创新能力×0.356

消费群体的品牌的偏好＝市场环境×社会价值观×社会流行趋势

热门的营销平台及手段＝消费者口碑评价×0.896

用户体验满意度＝产品服务环境×0.897

目标消费群体减少量＝消费群体的减少率×目标消费群体数量

目标消费群体增加量＝用户体验满意度×营销策略

目标消费群体满意度＝品牌影响力×用户体验满意度

（五）研究样本及数据收集

1. 研究样本

为了较为科学地分析各类体验营销项目收益的影响因素，本书主要采用问卷调查的方式来获取研究所需的样本及其数据资料。

首先针对本书对体验营销项目收益管理模型的研究，通过定性分析的方法主要找出影响体验营销企业收益的因素，主要是将体验营销项目分为三类：巡展类项目、店装类项目、活动类项目，并分别对这些项目进行研究，并由长期体验营销项目的专家、营销专业的高校教授企业的管理人员共同商议进行问卷设计，整体主要采用五分制的李克特量表来设计问卷，本问卷主要从：①基本情况：性别、年龄、学历、在项目中的角色、项目的主要产品有哪些等问题进行设计；②影响因素：巡展类项目、店装类项目、活动类项目分别影响体验营销企业收益的主要因素；③对影响因素的看法。对巡展类项目、店装类项目、活动类项目体验营销企业收益影响因素的看法分别进行设计调查，分为 15 个小问题，分别对客户企业、消费者、体验营销企业自身等方面进行调查，并利用五分制的李克特量表将影响分为非常同意、同意、无所谓、不同意、非常不同意五个等级进行问卷的设计，得到调查问卷的初稿。

初步设计好问卷之后，为了验证问卷的有效性，利用问卷星问卷设计软件初步对问卷进行调查，共回收有效问卷 35 份，根据回收问卷情况，请两位长期体验营销项目的专家对问卷进行分析，为了保证问卷的全面性、逻辑性和明确性，进一步调整了问卷问题项目，使问卷更加科学合理。修正后的调查问卷如附录所示。

本书所需要的数据主要来自不同体验营销企业的负责人员、经验丰富的项目经理人、参与员工以及消费者，不同参与人员站在不同的视角对问卷进行填写，调查具有足够的代表性，能够较好地反映总体的特征。数据收集时主要以问卷调查的形式来进行，本次主要利用问卷星问卷设计软件进行问卷的发放，并复制链接（https：//www.wjx.cn/jq/42258788.aspx）和二维码通过微信、QQ 等社交工具，向不同体验营销企业的主要负责人及其经验丰富的项目经理、部分员工、消费者发放，共计回收问卷 228 份，分析来源渠道的 96.93% 来自手机微信的填写，其余部分为直接访问，问卷答卷地区以北京、上海为主，其余为天津、广东、四川、国外等地（见图 4-10），覆盖范围广泛，具有很强的代表性。

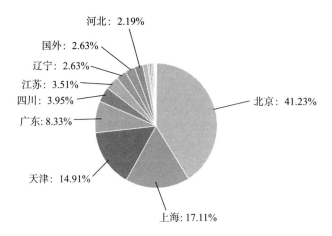

图 4-10 问卷答卷的地理区域

每个题回答的有效人数与总人数如表 4-1 所示，最后（部分）数据的详细来源及答题时间如从问卷星软件中导出来的 Execl 表格截图（开始部分和结尾部分，中间部分省略）所示（见图 4-11、图 4-12）。

表 4-1 每个题的题答的有效人数与总人数

题号	本题有效填写人次	总人数
1	228	228
2	228	228
3	228	228
4	228	228
5	228	228
6	228	228
7	228	228
8	228	228
9	228	228
10	228	228
11	228	228
12	228	228
13（填空题）	172	228

	A	B	C	D	E
1	序号	提交答卷时间	所用时间	来源	来自IP
2	2	2019/7/2　20:19:18	134秒	微信	202.97.139.26（山西–太原）
3	3	2019/7/3　18:21:48	376秒	微信	223.104.3.164（北京–北京）
4	4	2019/7/3　18:44:23	229秒	手机提交	124.205.71.2（北京–北京）
5	5	2019/7/3　18:55:25	715秒	微信	117.136.68.197（江苏–南通）
6	6	2019/7/3　19:00:58	2055秒	微信	114.93.122.55（上海–上海）
7	7	2019/7/3　19:11:41	650秒	微信	60.26.233.14（天津–天津）
8	8	2019/7/3　19:19:57	231秒	微信	119.4.253.140（四川–未知）
9	9	2019/7/3　19:28:40	849秒	微信	101.84.29.40（上海–上海）
10	10	2019/7/3　19:30:15	369秒	微信	101.206.169.104（四川–成都）
11	11	2019/7/3　20:48:42	274秒	微信	36.106.54.57（天津–天津）
12	12	2019/7/3　21:07:52	244秒	微信	223.73.115.79（广东–广州）
13	13	2019/7/3　21:09:42	349秒	微信	119.4.253.140（四川–未知）
14	14	2019/7/3　21:26:39	1111秒	微信	14.24.79.33（广东–深圳）
15	15	2019/7/10 16:51:19	698秒	微信	117.136.38.176（北京–北京）
16	16	2019/7/10 17:02:31	436秒	微信	180.158.76.54（上海–上海）
17	17	2019/7/10 17:35:15	131秒	微信	180.158.76.54（上海–上海）
18	18	2019/7/10 17:43:13	317秒	微信	180.158.76.54（上海–上海）
19	19	2019/7/10 17:49:55	324秒	微信	180.158.76.54（上海–上海）
20	20	2019/7/10 17:55:12	1131秒	微信	223.104.210.65（上海–上海）

图 4-11　每个题的题答的有效人数与总人数（问卷星截图 1）

	A	B	C	D	E
210	210	2019/8/4 12:18:19	214秒	微信	113.109.55.58（广东–广州）
211	211	2019/8/4 12:25:00	376秒	微信	118.113.138.10（四川–成都）
212	212	2019/8/4 13:28:15	171秒	微信	101.206.166.19（四川–成都）
213	213	2019/8/4 14:01:32	348秒	微信	106.47.254 82（天津–天津）
214	214	2019/8/4 14:02:46	226秒	微信.	211.94.243.178（天津–天津）
215	215	2019/8/4 14:03:12	774秒	微信	182.133.62 64（四川–眉山）
216	216	2019/8/4 14:05:39	406秒	微信	106.47.251.151（天津–天津）
217	217	2019/8/4 14:07:42	1753秒	微信	182.133.62.64（四川–眉山）
218	218	2019/8/4 14:10:05	1275秒	微信	182.133.62.64（四川–眉山）
219	219	2019/8/4 14:12:15	762秒	微信	223.104.3.160（北京–北京）
220	220	2019/8/4 15:23:11	439秒	微信	117.175.186.188（四川–成都）
221	221	2019/8/4 16:52:01	659秒	微信	36.106.77.132（天津–天津）
222	222	2019/8/4 18:30:18	422秒	微信	211.94.254.97（天津–天津）
223	223	2019/8/4 18:30:55	464秒	微信	223.104.227.112（天津–天津）
224	224	2019/8/4 19:07:08	498秒	微信	211.94 .234.106（天津–天津）
225	225	2019/8/6 12:26:06	323秒	微信	106.121.71.70（北京–北京）
226	226	2019/8/612:26:48	252秒	微信	124.64.17.108（北京–北京）
227	227	2019/8/6 12:34:48	319秒	微信	124.205.71 .2（北京–北京）
228	228	2019/8/6 13:28:27	360秒	手机提交	124.205.71.2（北京–北京）
229	229	2019/8/6 13:45:47	494秒	微信	100.120.34.102（国外–保留）

图 4-12　每个题的题答的有效人数与总人数（问卷星截图 2）

另外，为了保证问卷的信度和效度，本书通过对回答问卷人员进行电话回访，询问填写调查问卷所需要的时长，以及根据所回收问卷大部分人填报问卷所耗费的时间，最终确定 120 秒为所耗费时间的临界值。将回收问卷中用时小于 120 秒的问卷剔除，其主要理由是认为这些填报人员没有认真进行思考，填报的随意性较大，这里不予考虑这些问卷的结果。Jeff Sauro（2009）在其文章中指出，平均每次调研中至少有 10% 的应答者没有阅读调研问题。将填报所用时间小于 120 秒的问卷剔除掉后，其他问卷结果被认为是有效问卷，最终有效问卷共 213 份。

2. 数据收集结果

根据最终有效的 213 份有效问卷的结果，可知第 1 题答题有效人数为213 人，女性有 81 人，占比 38.03%，男性有 132 人，占比 61.97%。

第 2 题，年龄。以 20～30 岁居多，有 112 人，大概占总人数的52.58%；年龄在 30~40 岁的人数有 71 人，大概占总人数的 33.33%；年龄在 40~50 岁的人数有 26 人，大概占总人数的 12.21%；50 岁以上以及 20岁以下的人数仅有 4 人，表明体验营销企业人员的年龄段普遍年轻化。

第 3 题，学历。超过 65% 的人为本科及本科以上（硕士、博士）；35人为专科，大概占总人数的 16.43%；高中及以下的人数为 38 人，大概占总人数的 17.84%。表明目前体验营销企业的人员学历普遍偏高，对企业整体素质及创造力的提升有所帮助。具体人数及比例如表 4-2 所示。

表 4-2　企业人员学历的分布情况

选项	小计（人）	比例（%）
A. 高中及以下	38	17.84
B. 专科	35	16.43
C. 本科	126	59.15
D. 硕士	13	6.1
E. 博士及以上	1	0.47
本题有效填写人次	213	

第 4 题，目前在体验营销项目中的角色。企业技术人员与企业管理人员占多数，大概占总人数的 55% 左右；企业非技术人员为 41 个，大概占总人数的 19.25%。具体人数及比例如表 4-3 所示。

表 4-3　调查对象在项目中的角色分布情况

选项	小计（人）	比例（%）
A. 企业非技术人员	41	19.25
B. 企业技术人员	58	27.23
C. 企业管理人员	59	27.7
D. 消费者	21	9.86
E. 项目的投资主体（客户企业）	1	0.47
F. 企业营销人员	22	10.33
G. 相关研究人员	3	1.41
H. 其他	8	3.76
本题有效填写人次	213	

第 5 题，了解的数字化体验营销项目主要类型。巡展类项目与活动类项目的比例均达到 40% 以上，店装类项目最少。具体人数及比例如表 4-4 所示。

表 4-4　数字化体验营销项目主要类型分布

选项	小计（人）	比例（%）
A. 巡展类项目	101	47.42
B. 店装类项目	21	9.86
C. 活动类项目	91	42.72
本题有效填写人次	213	

第 6 题，数字化体验营销项目主要集中在哪些产品。其中化妆品、高档手表所占的比例较高，分别为 81.69% 与 72.77%；其次为电脑数码产品及配件、名牌箱包、汽车，其他类包括珠宝、展厅、博物馆、会议（年会、招商会）。具体人数及比例如表 4-5 所示。

表 4-5　数字化体验营销项目的产品主要类型分布

选项	小计（人）	比例（%）
C. 化妆品	174	81.69

续表

选项	小计（人）	比例（%）
B. 高档手表	155	72.77
E. 电脑数码产品及配件	98	46.01
D. 名牌箱包	91	42.72
H. 汽车	91	42.72
A. 服装鞋帽	78	36.62
G. 高档酒	31	14.55
F. 食品、保健品	30	14.08
I. 其他	10	4.69
本题有效填写人次	213	

第7题，在巡展类项目建设中，影响体验营销企业收益的主要因素有哪些（多选题）。经分析，用户体验满意度、成本管理、消费群体的品牌偏好所占比例超过50%；有超过1/3的人认为口碑评价、资源分配、客户企业的影响力大小、项目合同价会影响体验营销企业的收益；在除了题中所给因素外，在其他选项中，有人认为体验是否能达到国际设计水平、品质、企业市场定位这些因素在巡展类项目建设中会影响体验营销企业收益。具体人数及比例如表4-6所示。

表4-6 巡展类项目建设中影响体验营销企业收益的主要因素比例

选项	小计（人）	比例（%）
E. 用户体验满意度	135	63.38
H. 成本管理	120	56.34
D. 消费群体的品牌偏好	108	50.7
F. 口碑评价	103	48.36
L. 资源分配	85	39.91
C. 客户企业的影响力大小	84	39.44
A. 项目合同价	75	35.21
M. 风险管理	68	31.92
G. 营销平台的选择	60	28.17
K. 时间进度安排	60	28.17

续表

选项	小计（人）	比例（%）
J. 人才薪酬制度	39	18.31
B. 合同变更	26	12.21
I. 库存管理	24	11.27
N. 其他	3	1.41
本题有效填写人次	213	

第8题，在店装类项目建设中，影响体验营销企业收益的主要因素有哪些。经分析，用户体验满意度、成本管理所占比例超过50%；有超过1/3的人认为口碑评价、消费群体的品牌偏好、客户企业的影响力大小、项目合同价、资源分配会影响体验营销企业的收益。具体人数及比例如表4-7所示。

表4-7　店装类项目建设中影响体验营销企业收益的主要因素比例

选项	小计（人）	比例（%）
E. 用户体验满意度	123	57.75
H. 成本管理	120	56.34
F. 口碑评价	96	45.07
D. 消费群体的品牌偏好	91	42.72
C. 客户企业的影响力大小	86	40.38
A. 项目合同价	85	39.91
L. 资源分配	82	38.5
K. 时间进度安排	58	27.23
M. 风险管理	55	25.82
G. 营销平台的选择	54	25.35
B. 合同变更	44	20.66
I. 库存管理	41	19.25
J. 人才薪酬制度	33	15.49
N. 其他	2	0.94
本题有效填写人次	213	

第9题，在活动类项目建设中，影响体验营销企业收益的主要因素有哪些。经分析，用户体验满意度、消费群体的品牌偏好所占比例超过50%；有超过1/3的人认为口碑评价、成本管理、客户企业的影响力大小、项目合同价、时间进度安排会影响体验营销企业的收益；在除了题中所给因素外，在其他选项中，有人认为：①大环境，品牌的预算直接决定了蛋糕的大小，从而决定了价格；②竞争对手的情况，知己知彼百战不殆；③品牌关系；④公司的战略部署，主攻什么方向，直接决定公司的发展。这些因素在活动类项目建设中会影响体验营销企业收益。具体人数及比例如表4-8所示。

表4-8　活动类项目建设中影响体验营销企业收益的主要因素比例

选项	小计（人）	比例（%）
E. 用户体验满意度	144	67.61
D. 消费群体的品牌偏好	111	52.11
F. 口碑评价	106	49.77
H. 成本管理	95	44.6
C. 客户企业的影响力大小	84	39.44
A. 项目合同价	75	35.21
K. 时间进度安排	72	33.8
G. 营销平台的选择	69	32.39
L. 资源分配	67	31.46
M. 风险管理	60	28.17
B. 合同变更	42	19.72
I. 库存管理	30	14.08
J. 人才薪酬制度	24	11.27
N. 其他	1	0.47
本题有效填写人次	213	

第13题，除此之外，影响体验营销企业的因素有哪些，并如何影响。得到数据后，剔除答案为"无、不清楚、不知道"的答案，经分析整理得到，主要分为五类：市场、科技、政策、创新、企业。具体分析如表4-9

所示。其中关键词的出现频次如图 4-13 所示。

表 4-9　体验营销企业的影响因素

因素	具体影响因素
市场	市场需求、市场定位、网络推广、捕捉热门趋势
	竞争对手的竞争优势提升
	品牌大使、品牌理念+用户体验+性价比
科技	高科技介入、5G
政策	国家的政策和宏观经济对行业的影响是巨大的
创新	创新性、资源合理利用、拥有核心竞争力
	互动类的部分落地后使用不稳定会降低客户满意度
企业	企业的文化
	企业核心竞争力
	需要有专门的部门形成搜索引擎，挖掘动态、新品、挖掘人才，形成持续发展
	良好的付款可减少成本，上下家的高效配合可减少成本，有效的公关能力可大大降低风险
	务实有效部门的沟通，务实有效的工作方法与高效率

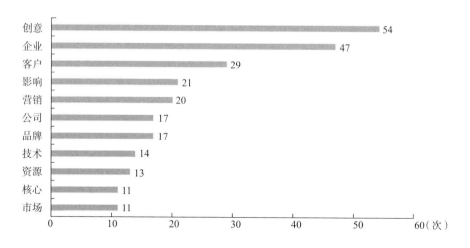

图 4-13　影响因素关键词的出现频次

最终得到的统计结果如下：

（1）巡展类项目。从最终确定的 213 份有效问卷数据中，将巡展类项目数据（Q1~Q15）导出来，经过对问卷的筛选与统计，关于巡展类项目体验营销企业收益的影响因素调查统计结果（以百分比来计算）如表 4-10 所示。

表 4-10　巡展类项目的问卷调查统计情况

题项	非常同意	同意	无所谓	不同意	非常不同意	平均分
Q1. 客户企业的合同执行能力对企业收益影响很大	66 (30.99%)	128 (60.09%)	12 (5.63%)	5 (2.35%)	2 (0.94%)	4.18
Q2. 客户企业的变更要求对企业收益影响很大	64 (30.05%)	115 (53.99%)	25 (11.74%)	9 (4.23%)	0 (0%)	4.1
Q3. 客户企业的影响力大小会影响品牌销售	75 (35.21%)	116 (54.46%)	15 (7.04%)	7 (3.29%)	0 (0%)	4.22
Q4. 消费者的品牌偏好影响企业收益	63 (29.58%)	125 (58.69%)	19 (8.92%)	5 (2.35%)	1 (0.47%)	4.15
Q5. 消费者比较看重品牌的核心价值观	54 (25.35%)	104 (48.83%)	49 (23%)	6 (2.82%)	0 (0%)	3.97
Q6. 用户体验满意度会增加企业收益	97 (45.54%)	108 (50.7%)	6 (2.82%)	2 (0.94%)	0 (0%)	4.41
Q7. 正向的口碑评价有利于产品影响力的扩大	108 (50.7%)	100 (46.95%)	4 (1.88%)	1 (0.47%)	0 (0%)	4.48
Q8. 热门的营销平台及手段易增加消费者兴趣	90 (42.25%)	106 (49.77%)	10 (4.69%)	7 (3.29%)	0 (0%)	4.31
Q9. 企业科学的成本核算增加企业收益	76 (35.68%)	118 (55.4%)	12 (5.63%)	7 (3.29%)	0 (0%)	4.23
Q10. 科学的库存管理有利于降低企业的资源浪费	91 (42.72%)	106 (49.77%)	16 (7.51%)	0 (0%)	0 (0%)	4.35
Q11. 人员、场地的合理分配有利于降低企业成本	96 (45.07%)	105 (49.3%)	12 (5.63%)	0 (0%)	0 (0%)	4.39
Q12. 可复制的新技术研发有利于降低企业成本	72 (33.8%)	113 (53.05%)	12 (5.63%)	13 (6.1%)	3 (1.41%)	4.12

续表

题项	非常同意	同意	无所谓	不同意	非常不同意	平均分
Q13. 激励性的人才薪酬制度有利于调动员工积极性	106 (49.77%)	96 (45.07%)	8 (3.76%)	3 (1.41%)	0 (0%)	4.43
Q14. 高效的时间进度安排可提高项目完成效率	105 (49.3%)	98 (46.01%)	4 (1.88%)	6 (2.82%)	0 (0%)	4.42
Q15. 制订前期风险管理方案有利于营造安全稳定的生产经营环境	98 (46.01%)	105 (49.3%)	7 (3.29%)	3 (1.41%)	0 (0%)	4.4
小计	1261 (39.47%)	1643 (51.42%)	211 (6.6%)	74 (2.32%)	6 (0.19%)	4.28

（2）店装类项目。从最终确定的 213 份有效问卷数据中，将巡展类项目数据（Q1~Q15）导出来，经过对问卷的筛选与统计，关于店装类项目体验营销企业收益的影响因素调查统计结果（以百分比来计算）如表 4-11 所示。

表 4-11　店装类项目的问卷调查统计情况

题项	非常同意	同意	无所谓	不同意	非常不同意	平均分
Q1. 客户企业的合同执行能力对企业收益影响很大	63 (29.58%)	136 (63.85%)	13 (6.1%)	1 (0.47%)	0 (0%)	4.23
Q2. 客户企业的变更要求对企业收益影响很大	61 (28.64%)	124 (58.22%)	20 (9.39%)	8 (3.76%)	0 (0%)	4.12
Q3. 客户企业的影响力大小会影响品牌销售	66 (30.99%)	129 (60.56%)	12 (5.63%)	6 (2.82%)	0 (0%)	4.2
Q4. 消费者的品牌偏好影响企业收益	73 (34.27%)	118 (55.4%)	14 (6.57%)	7 (3.29%)	1 (0.47%)	4.2
Q5. 消费者比较看重品牌的核心价值观	57 (26.76%)	113 (53.05%)	39 (18.31%)	3 (1.41%)	1 (0.47%)	4.04
Q6. 用户体验满意度会增加企业收益	84 (39.44%)	121 (56.81%)	5 (2.35%)	3 (1.41%)	0 (0%)	4.34

续表

题项	非常同意	同意	无所谓	不同意	非常不同意	平均分
Q7. 良好的店面环境增加消费者服务满意度	95 (44.6%)	112 (52.58%)	5 (2.35%)	1 (0.47%)	0 (0%)	4.41
Q8. 正向的口碑评价有利于产品影响力的扩大	110 (51.64%)	98 (46.01%)	3 (1.41%)	2 (0.94%)	0 (0%)	4.48
Q9. 热门的营销平台及手段易增加消费者兴趣	83 (38.97%)	117 (54.93%)	9 (4.23%)	4 (1.88%)	0 (0%)	4.31
Q10. 企业科学的成本核算增加企业收益	73 (34.27%)	129 (60.56%)	10 (4.69%)	1 (0.47%)	0 (0%)	4.29
Q11. 科学的库存管理有利于降低企业的资源浪费	95 (44.6%)	109 (51.17%)	7 (3.29%)	2 (0.94%)	0 (0%)	4.39
Q12. 人员、场地的合理分配有利于降低企业成本	87 (40.85%)	117 (54.93%)	9 (4.23%)	0 (0%)	0 (0%)	4.37
Q13. 可复制的新技术研发有利于降低企业成本	63 (29.58%)	120 (56.34%)	15 (7.04%)	13 (6.1%)	2 (0.94%)	4.08
Q14. 激励性的人才薪酬制度有利于调动员工积极性	90 (42.25%)	116 (54.46%)	6 (2.82%)	1 (0.47%)	0 (0%)	4.38
Q15. 高效的时间进度安排可提高项目完成效率	89 (41.78%)	111 (52.11%)	8 (3.76%)	5 (2.35%)	0 (0%)	4.33
Q16. 制订前期风险管理方案有利于营造安全稳定的生产经营环境	85 (39.91%)	121 (56.81%)	5 (2.35%)	2 (0.94%)	0 (0%)	4.36
小计	1274 (37.38%)	1891 (55.49%)	180 (5.28%)	59 (1.73%)	4 (0.12%)	4.28

（3）活动类项目。从最终确定的 213 份有效问卷数据中，将巡展类项目数据（Q1~Q15）导出来，经过对问卷的筛选与统计，关于活动类项目体验营销企业收益的影响因素调查统计结果（以百分比来计算）如表 4-12 所示。

表 4-12　活动类项目的问卷调查统计情况

题项	非常同意	同意	无所谓	不同意	非常不同意	平均分
Q1. 客户企业的合同执行能力对企业收益影响很大	73 (34.27%)	131 (61.5%)	8 (3.76%)	1 (0.47%)	0 (0%)	4.3
Q2. 客户企业的变更要求对企业收益影响很大	76 (35.68%)	113 (53.05%)	19 (8.92%)	5 (2.35%)	0 (0%)	4.22
Q3. 客户企业的影响力大小会影响品牌销售	75 (35.21%)	115 (53.99%)	15 (7.04%)	8 (3.76%)	0 (0%)	4.21
Q4. 消费者的品牌偏好影响企业收益	76 (35.68%)	114 (53.52%)	16 (7.51%)	7 (3.29%)	0 (0%)	4.22
Q5. 消费者比较看重品牌的核心价值观	60 (28.17%)	112 (52.58%)	38 (17.84%)	2 (0.94%)	1 (0.47%)	4.07
Q6. 用户体验满意度会增加企业收益	86 (40.38%)	120 (56.34%)	5 (2.35%)	2 (0.94%)	0 (0%)	4.36
Q7. 正向的口碑评价有利于产品影响力的扩大	98 (46.01%)	106 (49.77%)	9 (4.23%)	0 (0%)	0 (0%)	4.42
Q8. 热门的营销平台及手段易增加消费者兴趣	93 (43.66%)	108 (50.7%)	9 (4.23%)	3 (1.41%)	0 (0%)	4.37
Q9. 企业科学的成本核算增加企业收益	73 (34.27%)	133 (62.44%)	5 (2.35%)	2 (0.94%)	0 (0%)	4.3
Q10. 科学的库存管理有利于降低企业的资源浪费	78 (36.62%)	126 (59.15%)	8 (3.76%)	1 (0.47%)	0 (0%)	4.32
Q11. 人员、场地的合理分配有利于降低企业成本	93 (43.66%)	113 (53.05%)	6 (2.82%)	1 (0.47%)	0 (0%)	4.4
Q12. 可复制的新技术研发有利于降低企业成本	65 (30.52%)	126 (59.15%)	9 (4.23%)	11 (5.16%)	2 (0.94%)	4.13
Q13. 激励性的人才薪酬制度有利于调动员工积极性	90 (42.25%)	112 (52.58%)	8 (3.76%)	3 (1.41%)	0 (0%)	4.36
Q14. 高效的时间进度安排可提高项目完成效率	97 (45.54%)	106 (49.77%)	5 (2.35%)	5 (2.35%)	0 (0%)	4.38

续表

题项	非常同意	同意	无所谓	不同意	非常不同意	平均分
Q15. 制订前期风险管理方案有利于营造安全稳定的生产经营环境	90 (42.25%)	116 (54.46%)	6 (2.82%)	0 (0%)	1 (0.47%)	4.38
小计	1223 (38.28%)	1751 (54.8%)	166 (5.2%)	51 (1.6%)	4 (0.13%)	4.3

三、系统模型仿真与分析

系统动力学模型的仿真需要建立在确定存量流量图中相关参数以及其数量关系的基础上，在输入这些基本数据后，系统模型才可以进行准确的仿真模拟。如果模拟结果与实际状况不相符，就需要对输入数据进行调整，以便系统模型能够较为准确地反映现实状态。以系统动力学软件 Vensim 为分析工具，模型中涉及的参数主要来源于问卷调查，部分是以查阅的数据为基础进行回归预测运算获得。

（一）系统模型仿真

根据系统动力学模型得出理论结果如图 4-14 所示，在体验营销项目中，体验营销企业收益受企业经济效益增长量与企业隐形效益增长量直接影响，在历史数据上，保持原有发展方式与政策引导的方向下，体验营销企业收益实现平稳增长（见图 4-15），主要以客户企业影响力与体验营销项目的数量进行影响。

图 4-14 系统动力学模型理论结果

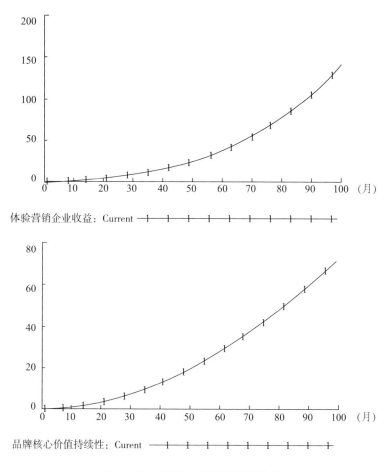

体验营销企业收益：Current

品牌核心价值持续性：Curent

图 4-15　系统动力学模型仿真结果

　　在体验营销项目中，客户企业、目标消费群体与体验营销企业之间相互影响，主要以客户企业影响力与体验营销项目的数量进行影响。系统动力学模型计算结果如图 4-16 所示。

　　（1）巡展类项目。根据系统动力学模型计算出理论模型路径系数及检验结果如表 4-13 所示，在巡展类项目中，客户企业、目标消费群体与体验营销企业之间相互影响，综合来看，客户企业对目标消费群体的影响最大，其影响系数为 0.911。客户企业作为体验营销项目的投资主体，是体验营销企业与消费者之间的桥梁，将消费者的意愿与想法提供给体验营销企业。体验营销企业必须在销售事前了解客户企业及其市场的供求需要，满足项

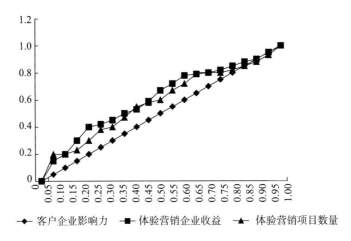

图 4-16　系统动力学模型计算结果

表 4-13　理论模型路径系数及检验结果

路径	影响系数	归一化结果	P 值
客户企业<--->体验营销企业	0.800	0.319	0.00
目标消费群体<--->体验营销企业	0.796	0.318	0.00
客户企业<--->目标消费群体	**0.911**	**0.363**	**0.00**
Q1<---客户企业	**0.617**	**0.521**	**0.00**
Q3<---客户企业	0.568	0.479	0.00
Q4<---目标消费群体	0.489	0.167	0.00
Q5<---目标消费群体	0.405	0.138	0.00
Q6<---目标消费群体	0.678	0.232	0.00
Q7<---目标消费群体	**0.769**	**0.263**	**0.00**
Q8<---目标消费群体	0.587	0.200	0.00
Q9<---体验营销企业	0.624	0.149	0.00
Q10<---体验营销企业	0.753	0.180	0.00
Q11<---体验营销企业	**0.775**	**0.185**	**0.00**
Q13<---体验营销企业	0.688	0.165	0.00
Q14<---体验营销企业	0.655	0.157	0.00
Q15<---体验营销企业	0.684	0.164	0.00

目客户企业（甲方）的需求，如提高商品的知名度和认知度、加强社会公众对企业和商品品牌的印象、提高消费者对品牌的指名购买率、维持和扩大广告品牌的市场占有率等，否则事后的"硬销售"广告只是一种资源的浪费。

在客户企业中，对客户企业影响最大的因素为 Q1（客户企业的合同执行能力），影响系数为 0.617。客户企业良好的付款可减少成本，增加企业资金的流动速度。参与各方都应对合同予以应有的重视，对合同严格遵守执行，有利于客户企业，因为它通过严格执行合同同时辅之以其他手段形成了对体验营销企业有效的外在约束机制；也有利于体验营销企业，因它通过严格执行合同维护了自身应有的权益，获得了应有的利益，也提升了自己的管理能力和声誉。

在目标消费群体中，对目标消费群体影响最大的因素为 Q7（正向的口碑评价），影响系数为 0.769。正向口碑不但能够减少企业营销费用，而且能够增加新顾客，并享受新顾客带来的资金投入，增加企业盈利。通过口碑传播能够潜意识影响其他顾客的认知模式，减少企业现金流的随机波动和损失，增加企业价值。

在体验营销企业中，对体验营销企业影响最大的因素为 Q11（人员、场地的合理分配），影响系数为 0.775。内部资源的合理分配有利于提高企业生产效率及经济效益，不合理的资源调配增加沟通成本，增加项目风险。

（2）店装类项目。根据系统动力学模型计算出理论模型路径系数及检验结果如表 4-14 所示，在巡展类项目中，客户企业、目标消费群体与体验营销企业之间相互影响，综合来看，客户企业对目标消费群体的影响最大，其影响系数为 0.825。

表 4-14　理论模型路径系数及检验结果

路径	影响系数	归一化结果	P 值
客户企业<--->体验营销企业	0.797	0.315	0.00
目标消费群体<--->体验营销企业	0.910	0.359	0.00
客户企业<--->目标消费群体	**0.825**	**0.326**	**0.00**
Q1<---客户企业	**0.742**	**0.387**	**0.00**
Q2<---客户企业	0.583	0.304	0.00
Q3<---客户企业	0.594	0.310	0.00

续表

路径	影响系数	归一化结果	P 值
Q5<---目标消费群体	0.453	0.131	0.00
Q6<---目标消费群体	0.738	0.213	0.00
Q7<---目标消费群体	**0.798**	**0.231**	**0.00**
Q8<---目标消费群体	0.748	0.216	0.00
Q9<---体验营销企业	0.725	0.209	0.00
Q10<---体验营销企业	0.722	0.175	0.00
Q11<---体验营销企业	0.778	0.188	0.00
Q12<---体验营销企业	**0.790**	**0.191**	**0.00**
Q13<---体验营销企业	0.410	0.099	0.00
Q15<---体验营销企业	0.677	0.164	0.00
Q16<---体验营销企业	0.755	0.183	0.00

在客户企业中，对客户企业影响最大的因素为 Q1（客户企业的合同执行能力），影响系数为 0.742。

在目标消费群体中，对目标消费群体影响最大的因素为 Q7（良好的店面环境提高消费者服务满意度），影响系数为 0.798。对于店装类项目，消费者主要享受的是体验服务、总体感知、店面的整体环境等服务，因此提高服务水平、丰富差异化的服务内容有利于提升消费群体的服务满意度。只有采用不同的服务，满足不同的需求，才能把握核心客户，有利于促成购买行为。

在体验营销企业中，对体验营销企业影响最大的因素为 Q12（人员、场地的合理分配），影响系数为 0.790。内部资源的合理分配有利于提高企业生产效率及经济效益，不合理的资源调配会增加沟通成本，增加项目风险。

（3）活动类项目。根据系统动力学模型计算出理论模型路径系数及检验结果如表4-15所示，在活动类项目中，客户企业、目标消费群体与体验营销企业之间相互影响，综合来看，目标消费群体对体验营销企业的影响最大，其影响系数为 0.929。随着信息化与数字化时代的到来，消费群体对于品牌的价值认可度逐渐开始新的转变，体验营销企业通过数字化的改变，给广大消费者带来了强烈的沉浸式体验感，同时融入互动的内容，增强了趣味性，提升了消费者的购买欲望和满足感，进而促进了产品的销售价值。目标消费群体的品牌偏好、品牌价值、品牌核心价值的持续性、用户体验满意度、社会价值观、社会流行趋势、营销策略、口碑评价等因素都会影响其对企业产品的判断，影响企业预期目标的实现，最终影响营销企业的收益。

表4-15　理论模型路径系数及检验结果

路径	影响系数	归一化结果	P 值
客户企业<--->体验营销企业	0.851	0.324	
目标消费群体<--->体验营销企业	**0.929**	**0.354**	
客户企业<--->目标消费群体	0.844	0.322	
Q1<---客户企业	**0.773**	**0.348**	**0.00**
Q2<---客户企业	0.771	0.347	0.00
Q3<---客户企业	0.676	0.305	0.00
Q4<---目标消费群体	0.667	0.189	0.00
Q5<---目标消费群体	0.514	0.146	0.00
Q6<---目标消费群体	0.762	0.216	0.00
Q7<---目标消费群体	**0.835**	**0.237**	**0.00**
Q8<---目标消费群体	0.743	0.211	0.00
Q9<---体验营销企业	0.770	0.167	0.00
Q10<---体验营销企业	0.781	0.170	0.00
Q11<---体验营销企业	0.789	0.172	0.00
Q13<---体验营销企业	0.685	0.149	0.00
Q14<---体验营销企业	0.779	0.169	0.00
Q15<---体验营销企业	**0.796**	**0.173**	**0.00**

在客户企业中，对客户企业影响最大的因素为 Q1（客户企业的合同执行能力），影响系数为 0.773。

在目标消费群体中，对目标消费群体影响最大的因素为 Q7（正向的口碑评价），影响系数为 0.835。

（二）系统模型检验

系统动力学模型的检验包括直观检验、运行检验和历史检验。在建立系统动力学模型过程中，需要不断对其相关性进行重复检验及修正，直到模型能够相对客观地反映所研究的问题，只有通过有效性检验，模型才能运用于情况分析与决策制定的实践过程中。

（1）有效性检验。有效性检验是检验所建的系统动力学模型是否完整，是否能够正常运行。通常情况下模型的有效性可通过仿真软件检验，当模型中出现结构不合理、变量方程不完整的情况时，系统无法运行，软件就会报错，并对可能出现的错误进行提示，便于进一步修改和完善。

（2）历史性检验。历史性检验是将系统动力学模型的仿真结果与真实情况相比较，若系统仿真结果与真实情况相似，则模型具有一定的科学性及合理性，为有效模型；若系统仿真结果与真实情况有较大差别，则模型在一定程度上存在缺陷，需要通过对其中变量或者结构进行调整，使最终仿真结果与实际情况接近。

第三节　体验营销企业收益管理的主要考虑因素

在体验营销企业中，对体验营销企业影响最大的因素为 Q15（制定前期风险管理方案），影响系数为 0.796。制定有效的风险管理方案是工作成败的关键，它直接决定效率和效果，全面彻底地降低乃至消除风险因素的影响，必须采取综合治理原则，动员各方力量，科学分配风险责任，建立风险利益的共同体和项目全方位体系，才能将工作落到实处。

本章第一节（体验营销企业收益影响因素的定性分析）与第二节（体验营销企业收益影响因素的定量分析）分别研究了巡展类项目、店装类项目、活动类项目体验营销企业的影响因素，研究表明同一利益相关方对不同类型的项目体验营销企业收益有着不同的影响程度（见表4-16）。

表4-16　利益相关方对不同类型项目企业收益的影响程度

利益相关方	巡展类项目	巡展类（归一化）	店装类项目	店装类（归一化）	活动类项目	活动类（归一化）
客户企业	0.800	0.308	0.797	0.294	0.851	0.306
目标消费群体	0.796	0.307	0.910	0.336	0.929	0.334
体验营销企业	1	0.385	1	0.369	1	0.360

根据表 4-16 的结果可知，对不同类型的项目来说，体验营销企业自身的因素对其收益影响最大，其中资源的合理分配（人员、场地的合理分配）最为重要，可极大提高项目的效率。其中影响不同类型项目体验营销企业收益各参与方的具体影响因素及其影响程度如表 4-17 所示。

表 4-17　影响因素对不同类型项目企业收益的影响程度

利益相关方	影响因素	巡展类项目	巡展类（归一化）	店装类项目	店装类（归一化）	活动类项目	活动类（归一化）
客户企业	合同执行能力	0.617	0.074	0.742	0.078	0.773	0.075
	企业变更要求			0.583	0.061	0.771	0.075
	企业影响力大小	0.568	0.068	0.594	0.062	0.676	0.065
目标消费群体	品牌偏好	0.489	0.059			0.667	0.065
	品牌核心价值	0.405	0.049	0.453	0.048	0.514	0.050
	用户满意度	0.678	0.082	0.738	0.078	0.762	0.074
	良好的店面环境			0.798	0.084		
	正向的口碑评价	0.769	0.093	0.748	0.079	0.835	0.081
	热门的营销平台及手段	0.587	0.071	0.725	0.076	0.743	0.072
体验营销企业自身	企业科学的成本核算	0.624	0.075	0.722	0.076	0.770	0.074
	科学的库存管理	0.753	0.091	0.778	0.082	0.781	0.076
	人员、场地的合理分配	0.775	0.093	0.790	0.083	0.789	0.076
	可复制的新技术研发			0.410	0.043		
	激励性的人才薪酬制度	0.688	0.083			0.685	0.066
	高效的时间进度安排	0.655	0.079	0.677	0.071	0.779	0.075
	制定前期风险管理方案	0.684	0.082	0.755	0.079	0.796	0.077

根据表 4-17 的结果可知，在巡展类项目中，影响体验营销企业收益较大的前三个因素是：人员、场地的合理分配，正向的口碑评价，激励性的人才薪酬制度；在店装类项目中，影响体验营销企业收益较大的前三个因素是：良好的店面环境，人员、场地的合理分配，科学的库存管理；在活动类项目中，影响体验营销企业收益较大的前三个因素是：正向的口碑评价，制订前期风险管理方案，人员、场地的合理分配。

第五章

体验营销企业收益管理模型

从体验营销项目利益相关方的界定可知，包括项目主办方（甲方）、体验营销企业自身（乙方）和广大消费者（丙方），他们之间的决策行为关系并直接影响着体验营销企业收益的成败，在一定的程度上，他们存在协同、竞争互相演化的关系。基于心流理论，体验营销企业应研究如何科学管理其收益，使其在保证营销项目实施质量的前提下，在体验营销项目实施过程中获得更大的经济效益和社会效益，无疑是当下体验营销企业所要考虑的重中之重。

本章在明确体验营销企业收益管理共性影响因素和特性影响因素的基础上，应用数学建模的理论和方法，在体验营销企业的收益管理模型构建原则和指标量化的指导下，针对巡展类项目、店装类项目和活动类项目分别构建体验营销企业巡展类项目收益管理模型、体验营销企业店装类项目收益管理模型、体验营销企业活动类项目收益管理模型，并对模型进行相应的数据分析，为体验营销企业科学进行收益管理提供参考，明确资源有效配置的方向，实际解决研究的价值问题。

第一节 模型构建的理论与方法

一、模型构建原则

（1）全面性原则。构建收益管理模型应当贯穿体验营销企业决策、管理和执行的全过程，并覆盖各个项目的利益相关者：客户企业、目标消费群体、体验营销企业的各种措施和相关利益。能够完整地反映体验营销企业管理活动与收益的全貌，为体验营销企业决策的科学性提供保障。

（2）科学性原则。反映出事物的本质和内在规律，即概念、定义、论点是否正确，论据是否充分，实验材料、实验数据、实验结果是否可靠等。本书在以客观事实为依据的条件下，利用对不同建设体验营销公司问卷调查的真实数据建立企业收益管理的数学模型，为不同类型项目体验营销企业提供科学管理理论。

（3）动态性原则。在内部复杂的相互作用和外部环境多变性的情况下，模型的构建应遵循动态的原则，了解每一个利益相关者的各种变化，并掌握变化的性质、方向，因此需建立一个动态的模型，增加体验营销企业随着市场需求、竞争环境的变换对成本、资源、进度与质量的有效控制，对其管理提供改进措施，利于经济效益最大化的实现。

（4）实用性原则（可操作性）。从实际应用的角度出发，收益管理模型的建立应充分考虑各个利益相关者在不同类型项目上各环节管理中方案实施的可行性，就是所提原则、方法、标准在现实生产中能够具体实现，便于操作。

二、动态博弈

博弈论又被称为对策论（Game Theory），既是现代数学的一个新分支，也是运筹学的一个重要学科。动态博弈是指各参与人行动有先后顺序，且后行动者在自己行动之前能够观测（或部分观测）到先行动者的行动，并据此做出相应的选择。动态博弈一般采用逆向求解的方法进行解决，动态博弈是一种有效解释多方利益问题的方法，能够通过分析梳理出各方的参与机理，已被广泛应用于利益相关者、激励机制、委托代理、决策等企业管理问题的研究中（张旭梅等，2006；陈亚睿等，2011；郑云虹和田海峰，2021）。为此，本书用动态博弈的方法来探讨客户企业、消费者、体验营销企业三个参与方之间的关系，三者动态决策的变化是影响参与者在体验营销项目中三方博弈的市场均衡和最优行为选择的重要方面。

在动态博弈中，局中人的策略虽然是局中人事先设定的，但却没有强制执行的限制。因此，局中人完全可以在博弈工程中改变决策，这种情况称为"相机选择"，相机选择问题导致了"可信性"问题，即博弈各方是否会真正始终按自己预先选定的策略行动。在三个主体博弈的过程中，任意一方的收益会受到另外两个策略选择的影响，在信息不完全的情况下，三者之间各自做出的决策很难保证能达到各自经济收益的最大化，由于三者都是有学习能力的理性参与人，因此会在不断地博弈过程中进行调整，进而趋向一个稳定的状态（欧瑞秋和王则柯，2012）。

三、基本假设

为了便于分析体验营销企业收益管理参与者之间的作用机理，在不影响分析结果的基础上，针对客户企业、消费者、体验营销企业三个参与方，本书提出以下假设：

（1）经济人假设。项目各参与方的目的都是自身收益的最大化，其行为也会受到各种利益的驱动（吕绍昱，2007；陈惠雄，2021）。客户企业投资体验企业的出发点是提高品牌的知名度、扩大品牌影响力、提高市场占有率，提高消费者对品牌的指名购买率，向社会公众传播企业和品牌、企业经营和服务的信息，以最小成本达到社会效益与经济效益最大化。体验营销企业实施体验项目的出发点是通过出售可为客户企业增加产品或服务销售量的体验或体验营销方案的方式获得本企业主营收益。目标客户群体是产品和服务的最终使用者，以个人消费为目的而购买使用商品和服务，满足自身的生理或精神上的需求。

（2）行动。客户企业对于体验项目有两种方案，即投资和不投资（本书研究的是客户企业进行投资）；同时，体验营销企业也有两种行动方案，即行动和不行动（本书研究的是企业进行行为）；消费群体采取的方案为购买和不购买。

（3）信息结构。在模型中假定每个参与者对其他参与者的行动策略都有准确了解或虽不能确定对方行动方案但能准确确定对方的行动概率，近似地将此状态下的博弈视为完全信息博弈。由于各方都争取自身利益最大化，故该博弈属于完全信息的不完全合作博弈。

第二节　动态博弈模型构建

有限资源下的三方博弈：首先应考虑动态博弈模型，要三方有先后的行动顺序；其次加上各方的行动策略；再次加上对应的效用或收益；最后进行基于收益或支付的均衡分析。本书的动态博弈模型框架如图5-1所示。

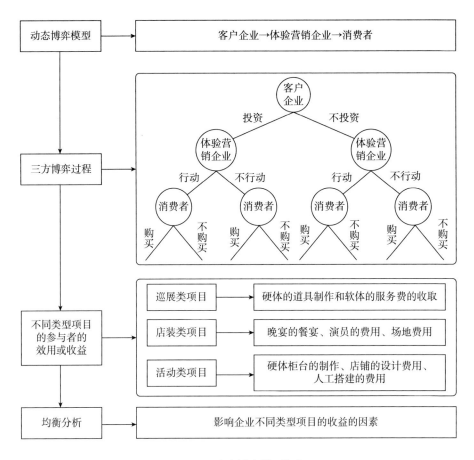

图 5-1　动态博弈模型框架

一、模型构建

三方博弈模型中三方博弈的收益和成本所使用的经济参数变量描述如表 5-1 所示。

表 5-1　三方博弈模型的经济参数变量描述

客户企业	成本
C_b 客户企业对于消费者购买产品的优惠补贴	C_1 客户企业投资体验项目的资金成本 C_2 体验营销企业实施体验项目投入的成本 C_3 消费者购买产品的成本

收益	概率
R_1 客户企业投资体验项目获得的收益	P_1 客户企业选择投资的概率
R_2 客户企业投资体验项目获得的社会影响力的扩大	$1-P_1$ 客户企业选择不投资的概率
R_3 体验营销企业实施体验项目获得的收益	P_2 体验营销企业选择实施项目的概率
R_4 体验营销企业获得的奖励	$1-P_2$ 体验营销企业选择不实施项目的概率
R_5 消费者购买产品的间接收益	P_3 消费者选择购买的概率
	$1-P_3$ 消费者选择不购买的概率

　　客户企业、消费者、体验营销企业三方博弈的过程中会形成八种策略组合，通过对不同策略的分析，可以得出客户企业、消费者、体验营销企业三方参与者在两种策略下的收益情况，如表5-2所示。

表5-2　三方参与者在两种策略下的收益矩阵

序号	策略组合	客户企业收益	体验营销企业收益	消费者收益
1	（投资、行动、购买）	$R_1+R_2-C_1-C_b$	$R_3+R_4-C_2$	R_5+C_b
2	（投资、行动、不购买）	$R_1-R_2-C_1$	R_3-C_2	0

　　体验营销企业收益管理成功的关键在于客户企业与体验营销企业自身两方的共同努力，任何一方不努力都无法使各类体验项目得到收益最大化，因此体验项目的实施效果（r_1）与客户企业的管理努力程度（r_2）和体验营销企业自身的努力程度（r_3）的乘积呈正相关关系，即：

$$r_1=r_2r_3 \tag{5-1}$$

　　（1）客户企业。体验营销项目给客户企业带来的收益主要体现在对客户企业的经济效益（能够用货币衡量的部分称为经济效益）与社会效益。其中经济效益包括目标消费群体购买产品增加带来的收益（R_1）；社会效益包括体验营销活动的增加给客户企业带来的无形影响力（R_2），如提高品牌的知名度、扩大品牌影响力、提高市场占有率、扩大企业影响力等。

　　客户企业的效用（U_1）与客户企业的影响力（R_2）、产品收益（R_1）（能够用货币衡量的部分）、投入成本（C_1）、给消费者的产品补贴费用（C_b）等有关。因此，客户企业的效用函数为：

$$U_1 = R_1 + R_2 - C_1 - C_b \tag{5-2}$$

其中，①客户企业的影响力（R_2）与实施体验项目前客户企业的初始价值 B_0 和体验项目实施效果给客户企业带来的影响力有关，且通常呈正相关关系，因而，$R_2 = B_0 + B_1 r_2 r_3$；②产品收益（R_1）与体验营销项目实施后产品的产量（Q'）、价格（F_2）、产品生产成本（C_a）有关，即 $R_1 = Q'$ $(F_2 - C_a) = (Q + \mu r_2 r_3)(F_0 + \beta r_2 r_3 - C_a)$；③投入成本（$C_1$）包括与体验营销企业签订的合同价款（$R_3$）、合同变更价款（$R'_3$）、客户的预期努力目标（$r_0$）、体验项目的实施效果（$r_2 r_3$）、项目实施风险（$S_1$），即 $C_1 = (P + P_1) + \lambda (r_2 r_3 - r_0) + S_1$。

客户企业的效用函数为：

$$U_1 = B_0 + B_1 r_2 r_3 + (Q + \mu r_2 r_3)(F_0 + \beta r_2 r_3 - C_a) - $$
$$(R_3 + R'_3) - \lambda (r_2 r_3 - r_0) - S_1 - C_b \tag{5-3}$$

（2）体验营销企业。作为体验营销项目的主要参与方，体验营销企业的收益主要来源于与客户企业的方案合同价款、实施成本以及合同变更带来的收益等。体验营销企业的收益（U_2）由体验营销企业自身带来的价值（E）、合同价款（R_3）、投入成本（C_2）、体验营销企业获得的奖励（R_4）以及风险损失（S_2）等构成。因此，体验营销企业的效用函数为：

$$U_2 = R_3 + R_4 - C_2 \tag{5-4}$$

其中，①体验营销企业自身带来的价值（E）与其努力程度（r_3）有关，且呈边际递增的规律，因而体验营销企业的努力成本可以表示为 $E = \frac{1}{2} b_2 r_3^2$；②项目投入成本（$C_2$）与项目实施类型不同而产生不同的成本，包括固定成本（C_e）与变动成本（C_f），变动成本为项目的资源管理成本（C_{f1}）、库存管理成本（C_{f2}）均与体验营销企业自身的努力程度（r_3）有关，即 $C_2 = C_e + C_{f1} + C_{f2} = C_e + \lambda_1 r_3 + C_{f0}$；③风险损失（$S_2$）是指项目实施过程中发生的损失（时间安排不合理造成的延期、没有达到客户企业的要求等），与体验营销企业自身的努力程度（r_3）有关，即 $S_2 = S_0 + \alpha r_3$。

体验营销企业的效用函数为：

$$U_2 = R_3 + R'_3 + R_4 - (C_e + \lambda_1 r_3 + C_{f0}) - (S_0 + \alpha r_3) - \frac{1}{2} b_2 r_3^2 \tag{5-5}$$

（3）目标消费者群体。消费者的收益（U_3）主要包括两个部分，即直接收益（C_b）和间接收益（R_5）。因此，目标消费群体的效用函数为：

$$U_3 = R_5 + C_b \tag{5-6}$$

本书假设，间接收益是指消费者购买时愿意支付的心理价格（F_1）和实际支付的价格（F_2）（体验体验满意度及服务满意度能接受的价格）之间的差额，即表示消费者的剩余 $R_5 = F_1 - F_2 = F_1 - (F_0 + \beta r_2 r_3)$；直接收益则是来自客户企业对于产品的补贴费用（$C_b$）。

目标消费群体的效用函数为：

$$U_3 = P_3 \left[F_1 - (F_0 + \beta r_2 r_3) + C_b \right] \tag{5-7}$$

二、模型求解

根据模型的建立得到体验营销项目利益相关者的收益为：

（1）客户企业的效用函数见式（5-3）；

（2）体验营销企业的效用函数见式（5-5）；

（3）目标消费群体的效用函数见式（5-7）。

该模型为连续型三阶段动态博弈模型，因此采用逆向求解法，求得子博弈精炼纳什均衡。

第一步，对消费者的决策进行偏导的求解，即：

$$\frac{\partial U_3}{\partial P_3} = F_1 - (F_0 + \beta r_2 r_3) + C_b \tag{5-8}$$

当 $\frac{\partial U_3}{\partial P_3} > 0$，即 $F_1 - (F_0 + \beta r_2 r_3) + C_b > 0$ 时，消费者才会进行购买的决策。

第二步，对体验营销企业的决策进行求解。

$$\frac{\partial U_2}{\partial r_3} = -\lambda_1 - a - b_2 r_3 \tag{5-9}$$

令 $\frac{\partial U_2}{\partial r_3} = 0$，得到：$r_3^* = \frac{-\lambda_1 - \alpha}{b_2}$ \tag{5-10}

检验 $\frac{\partial^2 U_2}{\partial^2 r_3} = -b_2 < 0$ 恒成立，因此 r_3^* 符合体验营销企业自身收益管理的最优决策要求。

第三步，对客户企业的决策管理进行求解。即：

$$\frac{\partial U_1}{\partial r_2} = B_1 r_3 + (Q + \mu r_2 r_3) \beta r_3 + \mu r_3 (F_0 + \beta r_2 r_3 - C_a) - \lambda r_3 \tag{5-11}$$

令 $\dfrac{\partial U_1}{\partial r_2}=0$，得：

$$r_2=\frac{\lambda-\beta-Q\beta-\mu\ (F_0-C_a)}{2\beta\mu r_3} \tag{5-12}$$

将体验营销企业自身收益管理的最优决策 $r_3^*=\dfrac{-\lambda_1-\alpha}{b_2}$ 代入客户企业的管理决策中求解。得：

$$r_2^*=\frac{\lambda-B-Q\beta-\mu\ (F_0-C_a)}{2\beta\mu r_3}=\frac{\lambda-B-Q\beta-\mu\ (F_0-C_a)}{2\beta\mu\ (-\lambda_1-\alpha)}b_2 \tag{5-13}$$

检验 $\dfrac{\partial^2 U_1}{\partial^2 r_2}<0$ 恒成立，因此 r_2^* 符合客户企业收益的最优决策要求。

三、均衡分析

（1）消费者——产品的消费主体。当 $\dfrac{\partial U_3}{\partial P_3}>0$，即 $F_1-\ (F_0+\beta r_2 r_3)\ +C_b>0$ 时，消费者才会进行购买的决策。消费者选择购买产品所获得的收益与客户企业及体验营销企业的努力程度成反比，客户企业的努力程度包括增加客户的体验感、互动感、服务满意度，产品的营销平台推广，正向的口碑传播，产品的影响力等；体验营销企业的努力包括体验营销方案的新颖和可落地实施、技术的创新等。客户企业及体验营销企业所做的项目努力越多，造成的项目成本会越高，消费者愿意购买的价值就越高，导致消费者的收益降低。同时消费者购买产品的决策与客户企业对产品的补贴费用成正比，补贴费用越高，在同等条件下，消费者的购买欲望就会越高，对消费者来说有一种物超所值的感觉。

（2）体验营销企业——体验营销项目的主体。由 $r_3^*=\dfrac{-\lambda_1-\alpha}{b_2}$ 可看出，体验营销企业的努力程度与企业的变动成本 (λ_1) 呈正相关关系，即体验营销项目在实施工程中，体验营销企业的变动成本越高，造成企业的收益会越低，因此会造成企业需要付出的努力变大，使企业经济效益最大化。变动成本包括资源管理成本、库存管理成本，资源管理成本包括人员、物料、时间进度的合理分配，其中人员的管理最为重要，员工是企业最重要的资源。人力资源投入的程度和效果明显影响着企业的竞争力，如何创造利润已经不再是企业唯一探讨的话题，如何面对人才流失，已经成为企业研究讨论的重要内容。整体员工的素质及忠诚度对企业的经营管理成效和经济效益有着决定性的影响。企业员工的积极性及创造性越高，体验营销项目的质量及效果越好，客户的满意度也越高，会使企业的收益越高，为企业创造更多的价值，反之亦然。体验营销企业需要根据自己特定的企业文化及组织结构来制定适合企业发展的员工激励机制，如健全核心人才薪酬制度、采取个性化激励措施、物质激励与非物质激励相结合，以提升企业员工稳定性，使其积极热情地投入到工作，促进企业可持续发展。

体验营销企业的努力程度与企业的风险损失系数 α 呈正相关关系，体验营销企业面临的风险越高，企业的收益越低，因此会使企业付出更大的努来使企业经济效益最大化。其中最主要的风险为市场风险，包括市场的需求、消费者对产品的接受度、消费者的满意度、竞争对手的创意、技术被复制、体验的长期落地性等，都是体验营销企业在项目的前期需要考虑的风险，在一定程度上大大影响企业的收益。

（3）客户企业——项目的扶持、投资主体。由 $r_2^* = \dfrac{\lambda - B - Q\beta - \mu(F_0 - C_a)}{2\beta\mu r_3} =$ $\dfrac{\lambda - B - Q\beta - \mu(F_0 - C_a)}{2\beta\mu(-\lambda_1 - \alpha)} b_2$ 可看出，客户企业的努力程度与企业的影响力成正比，企业的影响力越大，消费者对于企业的产品期待越高，企业需要付出的努力就越大，增加客户企业的最大经济效益。客户企业的影响力越大，其管理制度越完善，资金的到位（合同履约情况）、协调沟通等会比较顺利，会降低项目的风险，保证项目的质量，同时也会降低成本，增加项目的收益。

客户企业的努力程度与产品产量成正比，客户企业的产量越高，企业的收益会越高，因此会造成企业需要付出的努力越大来使企业经济效益最大化。如客户企业的产量与消费者的购买决策有关，而消费者的购买决策又与客户企业的努力程度有关，如客户的体验感、互动感、服务满意度，产品的营销平台推广，正向的口碑传播，产品的影响力等。

第三节 不同类项目收益管理模型

一、巡展类项目

(一) 收益管理模型构建

巡展类项目是为了提高品牌的知名度，扩大品牌影响力和提高市场占有率而进行的"点"式宣传，即通过时间、地点或目标市场的转换来达到展览的目的。在传统的巡展中更多的是靠灯片的设计展示，通过具有视觉冲击力的颜色和带有艺术感的形象设计，让人们去理解和感受品牌的内涵。而在当前的数字化背景下，信息的传播呈现"碎片化"，定向传播遇到了很大的困难，甚至品牌自己的公众号文章的分享都没有足够的影响力，只有占领移动终端，让人们参与其中，通过数字化的游戏，AR、VR等新技术的应用，打造出沉浸式的体验才能让人们产生兴趣，当人们真正融入到数字化场景后，再通过朋友圈的分享、朋友的推荐互动，使品牌能快速准确地获取精准人群。而数字化背景下，巡展类项目的利益相关方主要包括巡展的主办方（甲方）、体验营销企业自身（乙方）和广大消费者（丙方）。

（1）巡展的主办方（甲方）。巡展的主办方主要想通过巡展提高产品品牌的影响力和知名度，从而获取更大的收益。其收益主要与客户企业的影响力（R_2）、产品收益（R_1）（能够用货币衡量的部分）、投入成本（C_1）、给消费者的产品补贴费用（C_b）等有关。因此，客户企业的收益函数为：

$$U_1 = R_1 + R_2 - C_1 - C_b \tag{5-14}$$

$$U_1 = B_0 + B_1 r_2 r_3 + (Q + \mu r_2 r_3)(F_0 + \beta r_2 r_3 - C_a) - (R_3 + R'_3) -$$
$$\lambda (r_2 r_3 - r_0) - S_1 - C_b \tag{5-15}$$

（2）体验营销企业自身（乙方）。体验营销企业的收益主要来源于与客户企业的方案合同价款、投入成本以及合同变更带来的收益等。项目投入成本（C_2）与项目实施类型不同而产生不同的成本，在巡展类项目中，固定成本包括硬体的道具制作（C_{e1}）、软体服务费（C_{e2}）。硬体道具的制作包括带有设计感的工艺制品、柜台的装饰制作和搭建，通过工时和制作成本之外获取相应的利润，软体的服务包括模特、礼仪、主持人现场的服务费用，通过计算时长来收取费用，不同等级的服务人员收取的费用有明显的区分，尤其是外模的市场价格比国内模特高出 30%~40%。由此可见，体验营销企业自身（乙方）的收益主要与体验营销企业的收益（U_2）与体验营销企业自身带来的价值（E）、合同价款（R_3）、投入成本（C_2）［固定成本中包括硬体的道具制作（C_{e1}）、软体服务费（C_{e2}）］、合同变更带来的收益（R'_3）、体验营销企业获得的奖励（R_4）以及风险损失（S_2）等构成。因此，体验营销企业的收益函数为：

$$U_2 = R_3 + R_4 - C_2 \tag{5-16}$$

$$U_2 = R_3 + R'_3 + R_4 - (C_{e1} + C_{e2} + \lambda_1 r_3 + C_{f0}) - (S_0 + \alpha r_3) - \frac{1}{2} b_2 r_3^2 \tag{5-17}$$

（3）广大消费者（丙方）。巡展的模式通过数字化的改变，给广大消费者带来了强烈的沉浸式体验感，同时融入互动的内容，增强了趣味性，提升了消费者的购买欲望和满足感，进而促进了产品的销售价值。消费者（丙方）的收益与直接收益（C_b）和间接收益（R_5）有关。

消费者（丙方）的收益函数为：

$$U_3 = R_5 + C_b \tag{5-18}$$

$$U_3 = P_3 [F_1 - (F_0 + \beta r_2 r_3) + C_b] \tag{5-19}$$

（二）三方均衡分析

在巡展类项目中，客户企业、体验营销企业、消费者三方进行博弈，并各自的目的都是自身收益的最大化。①客户企业处于领导的地位，客户企业在考察体验营销企业的资质、能力和项目的体验新颖性、可行性后做出是否投资的决策，同时与体验营销企业签订合同，提供项目资金的来源。其所做决策直接影响到项目是否可以实施，以及体验营销企业参与的积极性。②体验营销企业选择进行体验营销项目的实施取决于其获得的总效用大小，其获得总效用的大小与项目的投入成本成反比，与合同价款成正比，与企业自身的努力程度成正比，与风险损失成反比。体验营销企业的投入成本与风险损失又取决于消费者的满意程度与企业自身的管理，科学高效的管理有利于降低企业的成本及风险。③消费者作为体验营销项目的最终受益者，在巡展类项目中，很多数字化的互动体验替代了费用较高的节目，让消费者有更精彩的沉浸式体验。在降低其企业成本的同时，增加消费者的满意度。

在三个主体博弈的过程中，任意一方的收益会受到另外两个策略选择的影响，在信息不完全情况下，三者之间各自做出的决策很难保证能达到各自经济收益的最大化，由于三者都是有学习能力的理性参与人，因此会在不断地博弈过程中进行调整，进而趋向一个稳定的状态。巡展类项目中三个利益相关方进行博弈的最终得到的收益管理模型如图5-2所示。

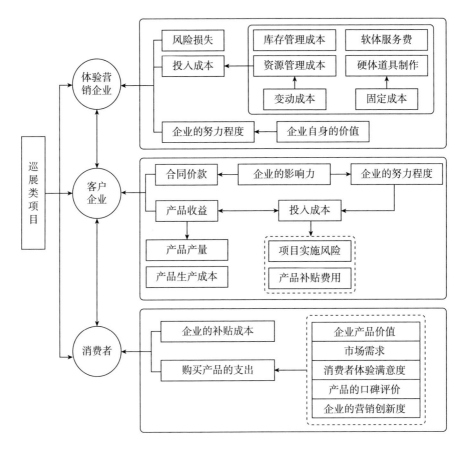

图5-2　巡展类项体验营销企业收益管理模型

二、店装类项目

店装类项目主要是营销企业对实体店面进行店面装饰与设计，主要包括招牌设计、店门设计、橱窗设计、外部照明设计、壁面照明、品牌特色设计等。店装体现产品特色，要将产品特色和装修风格融为一体，这是对产品的一种宣传,顾客会感觉产品有吸引力,从而提高销售量。而数字化背景下,店装类项目的利益相关方主要包括客户企业(甲方)、体验营销企业自身(乙方)和广大消费者(丙方)。

（一）收益管理模型构建

（1）客户企业（甲方）。店装类项目主要是对实体店面进行店面装饰与设计,通过建立一个高效率的及时、互动、零距离的精准沟通体系,向客户进行服务展示、产品展示,把握消费者对产品的接受程度与反应效果,提高产品品牌的影响力和知名度,从而获取更大的收益。其收益主要与客户企业的影响力（R_2）、产品收益（R_1）（能够用货币衡量的部分）、投入成本（C_1）、给消费者的产品补贴费用（C_b）等有关。因此,客户企业的收益函数为:

$$U_1 = R_1 + R_2 - C_1 - C_b \tag{5-20}$$

$$U_1 = B_0 + B_1 r_2 r_3 + （Q + \mu r_2 r_3）（F_0 + \beta r_2 r_3 - C_a）- \\ （R_3 + R'_3）- \lambda（r_2 r_3 - r_0）- S_1 - C_b \tag{5-21}$$

（2）体验营销企业自身（乙方）。体验营销企业的收益主要来源于与客户企业的方案合同价款、投入成本以及合同变更带来的收益等。项目投入成本（C_2）与项目实施类型不同而产生不同的成本。在店装类项目中,固定成本包括硬体柜台的制作（C_{e3}）、店铺的设计费用（C_{e4}）、人工搭建的费用（C_{e5}）等。体验营销企业的收益（U_2）由体验营销企业自身带来的价值（E）、合同价款（R_3）、投入成本（C_2）、合同变更带来的收益（R'_3）、体验营销企业获得的奖励（R_4）以及风险损失（S_2）等构成。因此,体验营销企业的收益函数为:

$$U_2 = R_3 + R_4 - C_2 \tag{5-22}$$

$$U_2 = R_3 + R'_3 + R_4 - （C_{e3} + C_{e4} + C_{e5} + \lambda_1 r_3 + C_{f0}）-（S_0 + \alpha r_3）- \frac{1}{2} b_2 r_3^2 \tag{5-23}$$

（3）广大消费者（丙方）。消费者主要享受的是体验服务、总体感知、店面的整体环境等服务,提高服务水平、丰富差异化的服务内容有利于提升消费群体的服务满意度,提升消费者的购买欲望和满足感,进而促进产品的销售价值。消费者（丙方）的收益与直接收益（C_b）和间接收益（R_5）有关。因此,消费者（丙方）的收益函数为:

$$U_3 = R_5 + C_b \tag{5-24}$$

$$U_3 = P_3 [F_1 - （F_0 + \beta r_2 r_3）+ C_b] \tag{5-25}$$

（二）三方均衡分析

在店装类项目中，客户企业、体验营销企业、消费者三方进行博弈，各自的目的都是自身收益的最大化。①与巡展类项目类似，客户企业处于领导的地位，与体验营销企业之间采取合同的方式进行合作，客户企业提供资金，体验营销企业提供服务、体验以及产品现场布置。②店装的数字化可以极大地提高体验营销企业在行业内的竞争力，原有的店装业务主要利润来源于硬体柜台的制作、店铺的设计费用、人工搭建的费用等。经过数字化改造的店铺在较小投入后可以大大提升利润，同时给客户带来的体验也完全不同。店装类项目的技术与模式可被大量复制，能够降低企业的固定成本，提高企业 10%~15% 的收益。③消费者作为体验营销项目的最终受益者，在店装类项目中，通过建立一个高效率的及时、互动、零距离的精准沟通体系，向消费者进行服务展示、产品展示，把握消费者对产品的接受程度与反应效果，消费者主要享受的是体验服务、总体感知、店面的整体环境等服务，提高服务水平，丰富差异化的服务内容有利于提升消费群体的服务满意度，提升消费者的购买欲望和满足感，进而促进产品的销售价值。

在三个主体博弈的过程中，任意一方的收益会受到另外两个策略选择的影响，在信息不完全下，三者之间各自做出的决策很难保证能达到各自经济收益的最大化，由于三者都是有学习能力的理性参与人，因此会在不断地博弈过程中进行调整，进而趋向一个稳定的状态。店装类项目中三个利益相关方进行博弈最终得到的收益管理模型如图 5-3 所示。

三、活动类项目

（一）收益管理模型构建

活动类项目是指广告主制定一项能测定的目标后，为达到这一目标制定广告战略，然后在市场上执行的一类项目。包括以下四个重点：制作适当的销售信息、及时传达给受众、选择适当的时机，合理规划成本。使产品在内容和形式上都具有独家、独创、独到的体验元素和价值元素，能够最大限度地满足用户的多层次需求，让用户真正觉得物有所值甚至物超所值。而数字化背景下，活动类项目的利益相关方主要包括活动的主办方（甲方）、体验营销企业自身（乙方）和广大消费者（丙方）。

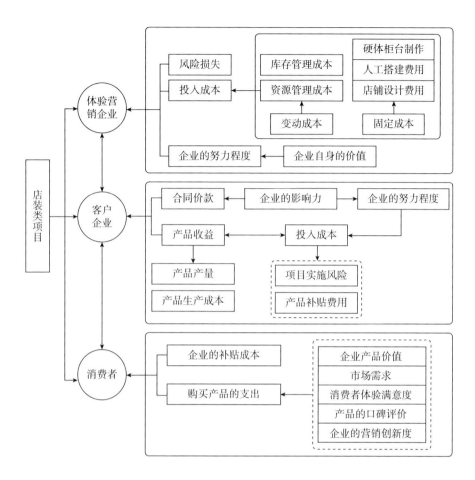

图5-3　店装类项体验营销企业收益管理模型

（1）活动的主办方（甲方）。活动的主办方通过举办具有独家、独创、独到等的体验元素和价值元素的活动，加强新产品的宣传，普及新产品知识，介绍新产品的独特之处，能够最大限度地满足用户的多层次需求，让用户真正觉得物有所值甚至物超所值。其收益主要与客户企业的影响力（R_2）、产品收益（R_1）（能够用货币衡量的部分）、投入成本（C_1）、给消费者的产品补贴费用（C_b）等有关。因此，客户企业的收益函数为：

$$U_1 = R_1 + R_2 - C_1 - C_b \tag{5-26}$$

$$U_1 = B_0 + B_1 r_2 r_3 + （Q + \mu r_2 r_3）$$

$$（F_0 + \beta r_2 r_3 - C_a） - （R_3 + R'_3） - \lambda （r_2 r_3 - r_0） - S_1 - C_b \tag{5-27}$$

（2）体验营销企业自身（乙方）。体验营销企业的收益主要来源于与客户企业的方案合同价款、投入成本以及合同变更带来的收益等。项目投入成本（C_2）与项目实施类型不同而产生不同的成本，在活动类项目中，固定成本包括现场的道具制作（C_{e6}）、软体服务费（C_{e7}）。活动的收益构成中现场的道具占了很大一部分，主要的利润来源于晚宴的餐宴、演员的费用、场地费用等。巡展的场地费用是由商场赞助，而举办活动的场地费用是在酒店中进行的，收取的费用很高，而且有很多的要求和限制。体验营销企业的收益（U_2）由体验营销企业自身带来的价值（E）、合同价款（R_3）、投入成本（C_2）、合同变更带来的收益（R'_3）、体验营销企业获得的奖励（R_4）以及风险损失（S_2）等构成。因此，体验营销企业的收益函数为：

$$U_2 = R_3 + R_4 - C_2 \tag{5-28}$$

$$U_2 = R_3 + R'_3 + R_4 - (C_{e6} + C_{e7} + \lambda_1 r_3 + C_{f0}) - (S_0 + \alpha r_3) - \frac{1}{2} b_2 r_3^2 \tag{5-29}$$

（3）广大消费者（丙方）。活动类项目与巡展类项目的营销模式类似，巡展的模式通过数字化的改变，给广大消费者带来了强烈的沉浸式体验感，同时融入互动的内容，增强了趣味性，提升了消费者的购买欲望和满足感，进而促进了产品的销售价值。消费者（丙方）的收益与直接收益 C_b 和间接收益 R_5 有关。因此，消费者（丙方）的收益函数为：

$$U_3 = R_5 + C_b \tag{5-30}$$

$$U_3 = P_3 [F_1 - (F_0 + \beta r_2 r_3) + C_b] \tag{5-31}$$

（二）三方均衡分析

在活动类项目中，客户企业、体验营销企业、消费者三方进行博弈，各自的目的都是自身收益的最大化。①与巡展类项目类似，客户企业处于领导的地位，其所做决策直接影响到项目是否可以实施，以及体验营销企业参与的积极性。②活动类项目的收益构成中现场的道具占了很大一部分，主要的利润来源于晚宴的餐宴、演员的费用、场地费用等。与巡展类项目相比，巡展的场地费用是由商场赞助，而举办活动的场地费用是在酒店中进行，收取的费用很高，而且有很多的要求和限制。尤其是明星的出场费用，少则几十万元，多则上百万元的成本，利润很低，活动比巡展的利润低10%。但因为大型活动的总金额较高，能够提高扩充公司的整体营业额，同样数字化的活动和巡展是一样的，很多数字化的互动体验替代了费用较高的节目，让人们有更精彩的沉浸式体验。③活动类项目是一种线下活动，通过模拟演示或消费者的现场体验，具有表现力或说服力，能充分准确展现品牌理念，能够最大限度地满足用户的多层次需求，让用户真正觉得物有所值甚至物超所值，并能在短期内达到促进销售，提升业绩，增加收益。

在三个主体博弈的过程中，任意一方的收益会受到另外两个策略选择的影响，在信息不完全情况下，三者之间各自做出的决策很难保证能达到各自经济收益的最大化，由于三者都是有学习能力的理性参与人，因此会在不断地博弈过程中进行调整，进而趋向一个稳定的状态。活动类项目中三个利益相关方进行博弈的最终得到的收益管理模型如图5-4所示。

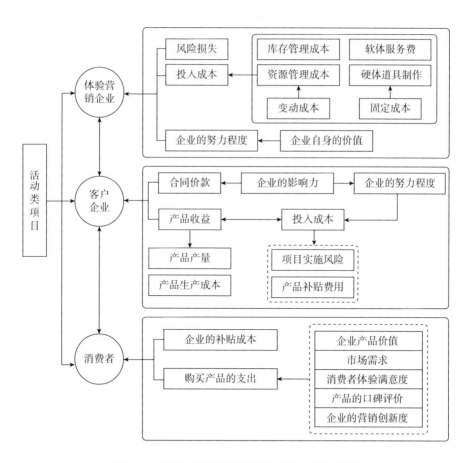

图5-4 活动类项目体验营销企业收益管理模型

第六章

场域心流叙事理论具体
应用案例分析

在上述构建的体验营销企业各类项目的收益管理模型基础上，结合公司主营业务范围并通过实地调研，收集美妆类项目、高奢类项目和 IP 展类项目收益管理的案例各一个，应用案例研究的方法，结合构建的收益管理模型，并基于场域心流叙事理论进行实际案例分析。场域心流叙事是由国内知名创意体验营销服务企业中嘉集团创造的一套体验式营销叙事方法论。区别于传统的营销方式，通过提炼品牌的主情感，串联情感路线图，以数字、艺术为手段，用技术推动艺术场景构建，以物理和虚拟场域的融合，构筑出具有心流体验感的混合场域，以立体结构+体验+五感塑造"矛盾交织"的情境，震撼体验者五感的同时，形成情感的深刻共鸣，创造出可体验的惊喜感。在验证数字化背景下体验营销企业收益管理模型有效性的基础上，结合上述提到的"场域心流叙事理论"，研究体验营销企业收益管理模型的实际应用效果，解决理论与实际相结合的问题。运用历史数据、档案材料、访谈、观察等方法收集数据，结合市场实际，以典型案例为素材，通过具体分析、解剖，运用可靠技术对一个事件进行分析，从而得出带有普遍性结论的研究方法。由于案例研究可以发现被传统统计方法所忽视的特殊现象，其分析结果也容易被包括业界在内的更多读者所接受，能够给读者带来身临其境的现实感，且主要回答"怎么样，为什么"的问题。

我们通过研究美妆类项目、高奢类项目、IP 展类项目中利益相关方，在明确各类项目对体验营销企业收益的影响因素，及如何利用企业收益管理模型使体验营销企业收益达到最大化的基础上，分别将这三种项目案例的体验营销企业收益管理情况，结合构建的不同类型的体验营销企业收益管理模型进行分析，探讨收益管理模型在企业中的实际应用。同时从各类项目的各利益、各相关方的视角进行体验营销企业收益影响分析，并分析体验营销企业如何从不同方面、在不同项目中进行体验营销企业收益管理，从而帮助企业获得最大收益。

第一节　美妆类项目应用案例分析

一、资生堂 150 周年

"生命之美，在万物资生间闪耀。"资生堂 150 周年 SHISEIDO & 茑屋书店跨界巡展，倾尽感官之力描绘《万美资生》的自然意境，在幽香淡雅的气息中感受流于肌肤的纯净质地，资生堂百年美学，在亦真亦善中闪耀于世。

中嘉集团（BRANDX）提炼品牌主色调红+白打造绚丽且充满文艺气质的美妆展厅，如时尚画卷般跃然呈现万物滋生之美，立体结构橱窗感知品牌魅力，幽香淡雅的气息似乎已经闻到；明亮光感性强的材质，映射资生堂产品流于肌肤的纯净质地，调动消费者的五感审美。"匠心源起"以书本剪纸与品牌杂志装点环绕，剪纸书架打造的艺术橱窗开启时光之旅，一片安静阅读小天地，提供给消费者翻阅品牌历史的空间，静谧、安全，悄然无声地给予陪伴，体验者在阅读时仿佛穿越回百年前，跟品牌一起探寻美"力"源起之时的匠心；而巨幅海报下的有声读物，视听结合场域的打造，让体验者更加立体直观、沉浸式地感知时光流逝；核心互动装置"美之触动"，艺术与科技的创新结合打破了传统装置的简单观感，使体验更具互动与临场感。红色花椿花瓣飘落而下，自然且灵动，如同漫步花树下。同时它还是产品试装台，在这种情境下无限放大消费者的感官体验，百年红水，时光琉璃，感受肌肤的顺滑轻盈，从心底滋生美之触动，完成品牌情感心流的转化。

除此之外，每个消费者进展厅前还会领取到专属花椿书签，给予个性化的专属体验。三片花瓣，各显千秋，艺术感造型引起收藏兴趣，让观众主动参与其中，同时它还充当了进程提醒，当你集齐完整的花椿书签，万美资生之旅也将接近尾声，这一巧妙的互动机制增加观看趣味性的同时，也为调动观众更深层次的情感提供了可能性。

二、巴黎欧莱雅 CNY 2023 兔年美上天

2023 新春伊始，欧莱雅 & Robbi 梦幻联动，新年限定"欧礼兔"寄送遥远星河中的浪漫与祝福，邂逅太空美妙际遇，开启新年崭新旅程。

BRANDX 创意呈现"欧礼号"火箭站，将现场打造成一座刚刚完成降落的火箭站台，给予消费者以视觉冲击。头戴宇航头盔的星际旅行官，金色的 Robbi 兔，潮酷极具辨识度，注入来自宇宙科幻的神秘吸引力，同时汲取了中国新年的红，妙趣辉映，热烈且梦幻，极具未来科技之美。创新科技立体打造火箭艺术装置，一比一真实还原，实现美观与可持续性的结合，火箭尖端和底座部分做了礼带式的缠绕设计，与节日派礼主题相契合；

配合环绕穹顶的金色星轨，浪漫璀璨编织成光，按动月球置景，点亮星轨，沉浸式体验满目星辰的太空科技之美。并设计了四大模块，引领消费者进入叙事，在未来科技感氛围中接收来自欧莱雅品牌的新年礼遇：步入现场"邀请登舰"，圆弧形场地模拟真实场地，红色星光台如同漫步浩渺星空，每位登舰者会领取一张任务卡，趣味解锁接下来的太空奇旅；来到"欧礼分享"区，试用分享 2023 兔年礼盒，共享漫溢欢愉的奇迹时刻，金色纸雕展示架，传送来自法国巴黎的美好祝愿，经典"星"品陈列其中，美颜每个心动瞬间，结合手写新年祝福卡这一环节，分享喜悦，欢庆好礼；身临其境打卡"太空遨游"，立体造型月球装置，让迷恋不可触及的浪漫天体变得近在眼前，拍照打卡，留下心动瞬间；主题派样机传送福礼好意，"美礼派发"专区将对新年的期盼藏匿于闪耀美礼，领取品牌新年主题试用装，翩然间将好礼投递，结合 LED 屏幕滚动展示播放，在节日氛围中提升在消费者心目中的好感度，全方位感知品牌情绪。

第二节　高奢类项目应用案例分析

一、江诗丹顿 Maison 1755 时间艺术"家"

江诗丹顿 Maison 1755 时间艺术"家"，BRANDX 携手"海上第一名园"的百年张园，在这栋四层历史建筑中，为拥有悠长制表历史的江诗丹顿品牌华丽打造了在中国规模最大的沉浸式体验空间。

以"时间艺术家"为设计主题，百年张园化身一幢关于时间的艺术之家，在数字媒体技术的加持下，联合物理场域与虚拟场域，将不可触摸的时间具象化。通过一个个多元数字交互体验的艺术装置，营造出艺术奇观，激发消费者对时间的感知力，构建心流的同时，完成消费者对品牌心智的占领。巨型 Overseas 纵横四海系列腕表装置的拆解与结构，视觉放大时间概念，"解构放大"以震撼的视觉效果，将高级制表的精密细节悉心呈现，时间被清晰可见，甚至触手可及；"典藏名作"借助互动投影技术，与实景书本形成现实与虚拟的链接。每当直接点击书籍上的图片，有关表款的所有信息会"穿越历史"在幕墙上投影呈现出来，与消费者一起品读回味经典时计的魅力。过去与未来至此连接，模糊虚拟界限，江诗丹顿的百年匠心文化有了流动且具象的表达。同时以江诗丹顿旗下众多精美时计杰作作为主题灵感，衍生设计出主题展厅："Fiftysix 伍陆之型系列"——时间录音棚，灵魂复现伦敦的 Abbey Road Studios，在这里被打造成时计展示空间，室内装饰的大小不一的黑胶唱片，并在其中放置了腕表进行陈列，以新趣设计吸引消费者目光的同时，让音乐与腕表结合的独特魅力被消费者感知；"Overseas 纵横四海系列"——无止追寻主题展厅，重现了山脉与岩石的自然景观，营造出动人心魄的视觉体验，岩石嶙峋陡峭，山川高耸入云，未知而神秘的风景在前方，完美契合江诗丹顿 Overseas 纵横四海系列所代表的旅行冒险精神；以及致敬伟大文明的"Métiers d′Art 艺术大师系列"，将巴黎卢浮宫巧妙重现，艺术大师与卢浮宫新合作的四枚腕表陈放于拱形透明装置之下，艺术、历史、文化，跨越中古世纪的时空与我们相遇，诠释江诗丹顿本次的 1755 时间艺术"家"主题，于方寸间，致敬源远流长的灿烂文明。

二、万宝龙时光邮局

时光邮局，将过去寄往未来。当霓虹触碰笔尖，1964 年的德国汉堡在 BRANDX 与 MONTBLANC 的时间对话间，苏醒于繁华的外滩之上。

借科技和艺术打造了一个关于时光的"邮局"。从进入到退出，引导观者进行一场真情实感的体验，穿越时光之门，感受时光传递。万宝龙的标志产品——钢笔，其墨蓝色笔尖作为灵魂主线，故事嵌入其中，整体贯穿。从外部霓虹、玄关一直蔓延至场馆的每一个角落，同时结合万宝龙的象征，将白色六角形呼应在笔尖中心，甚至极致到一杯咖啡的拉花、一块盘中的点心，引领消费者进行品牌的沉浸式感知。同时抓住了品牌经典与摩登的气息，在沉稳精致的黑白灰蓝品牌色调上增加了破静设计：摩登与现代的碰撞，经典与先锋的融合，自行车的动态感打破了"拘谨"，Lightbox 的漫画感打破了"严肃"，先锋趣味，优雅且不落俗套。同时增设众多体验式场景，吸引观者并引导心流的形成，增加美感、享受和互动以及实地的临场感：邮局明信片，亲手撰写一份心意；邮局陈列室中的"邮差包"，藏在皮革、缝线和六角形中的寄托与美好；时光咖啡馆中品尝时间的醇香味道；最后在邮局投递处将过去寄往未来，邮递一份属于你和万宝龙的穿越时光。

第三节　IP 展类项目应用案例分析

一、《Exploring Blue·深蓝》海洋沉浸式体验互动展

BRANDX 与国家地理携手打造《Exploring Blue·深蓝》海洋沉浸式体验互动展。以数字化形式，结合最新的数字互动技术，将深海场景重现，在陆地空间内实现人和海洋生物的良性互动，将海底世界的魅力与矛盾展现在人们面前。

一场"海洋世界"的沉浸式互动体验，艺术与创意、数字互动、人工智能的巧妙结合，携手多位艺术家进行主题创造，以艺术角度深刻理解海洋之美，带领人们探秘深蓝世界的奥秘和美丽。环保材质设计，美丽又环保，同时呼吁人们保护海洋，守护蓝色生命能量；蓝色光影叠加充斥，奇幻绚丽，步入的瞬间便开始全身心沉浸其中。互动光影与艺术装置，超现实深度还原深海景观，同时打破人与动物的边界，亲密无间，零距离接触，凸显人与自然友好相处的策展主题；渔网、贝壳等海洋主题元素，专业的布景设计，打造临场故事感；趣味设计的人工智能的科技互动，让消费者在观展中以行动触发情感与心流。例如，拉下台灯可以看到鲲鱼遨游于深海，把生命之露放到贝壳中，爱克斯就能实现你的愿望……每一次动作的完成都将激发人们对海洋保护更为深刻的理解。

整个展厅分为八个不同主题的互动区域，分别为深蓝遐想、深蓝危机、海洋梦之家、深蓝艺术、深蓝礼赞、深蓝自由、深蓝守护、生命之树。基于海洋主题，每个展厅区域都拥有各自的故事情节以及对应的场景风格，步入其中，参观者将踏上一段音乐之旅，前往最深处、最原始的海洋生态系统，带领观众发现不可思议的海洋之美，是一次寓教于乐的活动，也是一次感官的惊喜震撼。

二、《觅境》

《觅境》是中嘉集团在 2021 打造的沉浸式诗词展览。以宣扬中国优秀民族文化为目的，对唐诗宋词中的意境进行构建，用数字、艺术为手段重构东方诗画意境，以个性化定制的艺术交互触动感官，调动观众更深层次

的情感共鸣，探索人工智能时代下的新型沉浸式体验。

展览选取古代文人典型的情感意象，共分为八个展厅：今昔、怀志、萧关、青节、归园、清梅、浮茶、花憩。基于对诗词的深入研究与理解，各展厅均拥有一个主情感以及相应的美学风格，保证了叙事和意境的连贯性。在数字媒体技术的加持下，联合物理场域与虚拟场域，交互装置采用了骨传导、扩香器、互动投影、混合现实（MR）、虚拟形象等技术，提供了多感官的互动形式，从五感触动观众的感官、情感与心流，形成情感共鸣和临场感。错觉字、导电油漆、感应投影等装置打造出现场厚重、梦幻的历史感，让观众感知来自远古的精神指引，从身体到心理都进入设计的情境中。联合物理场域与虚拟场域，用内容、情感的交互和艺术装置去触动观众的感官，用一个个情境激发他们的情感与心流。其中选取了具有中国传统的、独有的文化基因的场景作为叙事场域（江水、沙场、竹林、田园、庭院和茶室）。这些场景对于古代文人具有极其强烈的精神象征，也是诗、画中出现得最多的意象。每个场景都寄托着诗人的情思，世代文人的精神、气节，也融入在各个场景中。跨越不同的年代，不同的人生际遇，景色却始终如一；这些意象哺育、激励、影响着世代文人，既映照出他们人生的高低起伏，又给他们以力量和慰藉。

每个观众均可在展览门口领取感应球，为观众进行性格测试，给予个性化体的体验，让观众可以主动参与到表演中。通过 AI 技术，观众将获得与自身性格和当下心境相匹配的诗画内容，为调动观众更深层次的情感提供了可能性。这些充满现代艺术感的内容形式具备精妙的互动机制，在设计之初就被赋予了可延展性和可定制性的特点，让观众感受自然与意识的交融，最终与现实互通，观众在看到的瞬间便可感知到这份寓意，惊喜欣赏之余还会联想到背后的文化表达，形成心流，并留下深刻的情感共鸣。

附录

体验营销企业收益影响因素问卷调查表

尊敬的领导/专家/朋友：

您好！首先非常感谢您百忙之中配合我进行本次调查。

我正在做一项关于体验营销企业收益管理模型研究的课题，希望从您这里了解一些研究课题相关的内容，您的认真配合是我做好本课题的关键。您回答的内容我们将会严格保密，并保证只用于学术研究，谢谢配合！

一、基本情况

1. 您的性别（　　）。

A. 男 　　　　　　　　　　　B. 女

2. 您的年龄是（　　）。

A. 20 岁以下 　　　　　　　　B. 20~30 岁

C. 30~40 岁 　　　　　　　　D. 40~50 岁

E. 50 岁以上

3. 您的学历是（　　）。

A. 高中及以下 　　　　　　　B. 专科

C. 本科 　　　　　　　　　　D. 硕士

E. 博士及以上

4. 您目前在体验营销项目中的角色（　　）。

A. 企业非技术人员 　　　　　B. 企业技术人员

C. 企业管理人员 　　　　　　D. 消费者

E. 项目的投资主体（客户企业）　F. 企业营销人员

G. 相关研究人员 　　　　　　H. 其他

5. 您了解的数字化体验营销项目主要类型为（　　）。

A. 巡展类项目   B. 店装类项目

C. 活动类项目

6. 您了解的数字化体验营销项目主要集中在哪些产品？（　　）（多选）

A. 服装鞋帽   B. 高档手表

C. 化妆品   D. 名牌箱包

E. 电脑数码产品及配件   F. 食品、保健品

G. 高档酒   H. 其他

二、影响因素

7. 您认为在巡展类项目建设中，影响体验营销企业收益的主要因素有（　　）。（多选）

A. 项目合同价   B. 合同变更

C. 客户企业的影响力大小   D. 消费群体的品牌偏好

E. 口碑评价   F. 营销平台的选择

G. 成本管理   H. 库存管理

I. 人才薪酬制度   J. 时间进度安排

K. 资源分配   L. 风险管理

M. 其他

8. 您认为在店装类项目建设中，影响体验营销企业收益的主要因素有（　　）。（多选）

A. 项目合同价   B. 合同变更

C. 施工成本   D. 客户企业的影响力大小

E. 消费群体的品牌偏好   F. 口碑评价

G. 营销平台的选择   H. 成本管理

I. 库存管理   J. 人才薪酬制度

K. 时间进度安排   L. 资源分配

M. 风险管理   N. 其他

9. 您认为在活动类项目建设中，影响体验营销企业收益的主要因素有（　　）。（多选）

A. 项目合同价   B. 合同变更

C. 施工成本   D. 客户企业的影响力大小

E. 消费群体的品牌偏好   F. 口碑评价

G. 营销平台的选择　　　　　　　H. 成本管理

I. 库存管理　　　　　　　　　　J. 人才薪酬制度

K. 时间进度安排　　　　　　　　L. 资源分配

M. 风险管理　　　　　　　　　　N. 其他

三、对影响因素的看法

10. 对巡展类项目体验营销企业收益影响因素的看法。

对巡展类项目体验营销企业收益影响因素的看法	非常同意	同意	无所谓	不同意	非常不同意
	5 分	4 分	3 分	2 分	1 分
Q1. 客户企业的合同执行能力对企业收益影响很大					
Q2. 客户企业的变更要求对企业收益影响很大					
Q3. 客户企业的影响力大小会影响品牌销售					
Q4. 消费者的品牌偏好影响企业收益					
Q5. 消费者比较看重品牌的核心价值观					
Q6. 用户体验满意度会增加企业收益					
Q7. 正向的口碑评价有利于产品影响力的扩大					
Q8. 热门的营销平台及手段易增加消费者兴趣					
Q9. 企业科学的成本核算增加企业收益					
Q10. 科学的库存管理有利于降低企业的资源浪费					
Q11. 人员、场地的合理分配有利于降低企业成本					
Q12. 可复制的新技术研发有利于降低企业成本					
Q13. 激励性的人才薪酬制度有利于调动员工积极性					
Q14. 高效的时间进度安排可提高项目完成效率					
Q15. 制订前期风险管理方案有利于营造安全稳定的生产经营环境					

11. 对店装类项目体验营销企业收益影响因素的看法。

对店装类项目体验营销企业收益影响因素的看法	非常同意	同意	无所谓	不同意	非常不同意
	5分	4分	3分	2分	1分
Q1. 客户企业的合同执行能力对企业收益影响很大					
Q2. 客户企业的变更要求对企业收益影响很大					
Q3. 客户企业的影响力大小会影响品牌销售					
Q4. 消费者的品牌偏好影响企业收益					
Q5. 消费者比较看重品牌的核心价值观					
Q6. 用户体验满意度会增加企业收益					
Q7. 良好的店面环境提升消费者服务满意度					
Q8. 正向的口碑评价有利于产品影响力的扩大					
Q9. 热门的营销平台及手段易增加消费者兴趣					
Q10. 企业科学的成本核算增加企业收益					
Q11. 科学的库存管理有利于降低企业的资源浪费					
Q12. 人员、场地的合理分配有利于降低企业成本					
Q13. 可复制的新技术研发有利于降低企业成本					
Q14. 激励性的人才薪酬制度有利于调动员工积极性					
Q15. 高效的时间进度安排可提高项目完成效率					
Q16. 制订前期风险管理方案有利于营造安全稳定的生产经营环境					

12. 对活动类项目体验营销企业收益影响因素的看法。

对活动类项目体验营销企业收益影响因素的看法	非常同意	同意	无所谓	不同意	非常不同意
	5分	4分	3分	2分	1分
Q1. 客户企业的合同执行能力对企业收益影响很大					
Q2. 客户企业的变更要求对企业收益影响很大					
Q3. 客户企业的影响力大小会影响品牌销售					
Q4. 消费者的品牌偏好影响企业收益					
Q5. 消费者比较看重品牌的核心价值观					
Q6. 用户体验满意度会增加企业收益					

对活动类项目体验营销企业收益影响因素的看法	非常同意	同意	无所谓	不同意	非常不同意
	5分	4分	3分	2分	1分
Q7. 正向的口碑评价有利于产品影响力的扩大					
Q8. 热门的营销平台及手段易增加消费者兴趣					
Q9. 企业科学的成本核算增加企业收益					
Q10. 科学的库存管理有利于降低企业的资源浪费					
Q11. 人员、场地的合理分配有利于降低企业成本					
Q12. 可复制的新技术研发有利于降低企业成本					
Q13. 激励性的人才薪酬制度有利于调动员工积极性					
Q14. 高效的时间进度安排可提高项目完成效率					
Q15. 制订前期风险管理方案有利于营造安全稳定的生产经营环境					

13. 除此之外, 您认为影响体验营销企业的因素有哪些, 并如何影响呢?

_____

_____

参考文献

［1］ Adelman D. Dynamic Bid Prices in Revenue Management ［J］. Operations Research, 2007, 55 (4): 647-661.

［2］ Ameen N, Hosany S, Tarhini A. Consumer Interaction with Cutting-Edge Technologies: Implications for Future Research ［J］. Computers in Human Behavior, 2021, 120: 106761.

［3］ Azadeh S S, Hosseinalifam M, Savard G. The Impact of Customer Behavior Models on Revenue Management Systems ［J］. Computational Management Science, 2014 (3): 1-11.

［4］ Badewi A, Shehab E. The Impact of Organizational Project Benefits Management Governance on ERP Project Success: Neo-institutional Theory Perspective ［J］. International Journal of Project Management, 2016, 34 (3): 412-428.

［5］ Belobaba P P, Farkas, A. Yield Management Impacts on Airline Spill Estimation ［J］. Transportation Science, 1999, 33 (2): 217-232.

［6］ Biasutti M. Flow and Optimal Experience ［J］. Reference Module in Neuroscience and Biobehavioral Psychology, 2017: 522-528.

［7］ Bitran G, Caldentey R. An Overview of Pricing Models for Revenue Management ［J］. Manufacturing & Service Operations Management, 2003, 44 (4): 134.

［8］ Bitran G R, Mondschein S V. Periodic Pricing of Seasonal Products in Retailing ［J］. Management Science, 1997, 43 (1): 64-79.

［9］ Booms B H, Bitner M J. New Management Tools for the Successful Tourism Manager ［J］. Annals of Tourism Research, 1980, 7 (3): 337-352.

［10］ Boyd E A, Bilegan I C. Revenue Management and E-Commerce ［J］. Management Science, 2003, 49 (10): 1363-1386.

［11］ Burgess C, Bryant K. Revenue Management – The Contribution of the Finance Function to Profitability ［J］. International Journal of Contemporary Hospitality Management, 2001, 13 (3): 144-150.

［12］ Carbone L P. How to Keep Customers Coming Back Again & Again: Upper Saddle Finance Times ［M］. NJ: Prentice Hall, 2004.

［13］ Chang S B. The Effect of Smartphone User Experience by Brand Experience's Mediator Role on User Satisfaction and Attitude ［J］. Journal of Cultural Product and Design, 2018 (55): 125-136.

［14］ Christopher Meryer, Andre Schwager. Understanding Customer Experience ［J］. Harvard Business Review, 2007 (2): 1-15.

［15］ Cooper W L , Kleywegt H D M J. Models of the Spiral-Down Effect in Revenue Management ［J］. Operations Research, 2006, 54 (5): 968-987.

［16］ Cross G R. Revenue Management: Hard – core Tactics for Market Domination ［J］. Cornell Hotel & Restaurant Administration Quarterly, 1997, 38 (2): 17.

［17］ Cross R G , Books O . Revenue Management: Hard-core Tactics for Market Domination ［J］. Journal of Revenue & Pricing Management, 2002, 1 (2): 196-197.

［18］ Donaghy K, Mcmahon U, Mcdowell D. Yield Management: An Overview ［J］. International Journal of Hospitality Management, 1995, 14 (2): 139-150.

［19］ Dong H H . The Effects of Tourist Destination? Experiential Marketing on Experiential Quality ［J］. Journal of the Association of Korean Photo-Geographers, 2011, 21 (2): 1-15.

［20］ Farbey B, Land F F, Targett D. A Taxonomy of Information Systems Applications: The Benefits' Evaluation Ladder ［J］. European Journal of Information Systems, 1995, 4 (1): 41-50.

［21］ Feng Y , Gallego G . Optimal Starting Times for End-of-Season Sales and Optimal Stopping Times for Promotional Fares ［M］. Informs, 1995.

［22］ Fiig T, Hrdling R , Pölt S , et al. Demand Forecasting and Measuring Forecast Accuracy in General Fare Structures ［J］. Journal of Revenue and Pricing Management, 2014, 13 (6): 413-439.

[23] Flath C M, Gottwalt S, Ilg J P. A Revenue Management Approach for Efficient Electric Vehicle Charging Coordination [C]. Hawaii International Conference on System Science, 2012.

[24] Freeman R. Strategic Management: A Stakeholder Approach [M]. Cambridge University Press, 1984.

[25] Gallego G, Ratliff R, Shebalov S. A General Attraction Model and Sales- Based Linear Program for Network Revenue Management under Customer Choice [J]. Operations Research, 2015 (63): 212-232.

[26] Gary J L. Social Media: How to Use It Effectively [J]. Journal of Orthopaedic Trauma, 2015, 29 (11): S5.

[27] Guilford J P. Creativity [J]. American Psychologist, 1950, 5 (9): 444-454.

[28] Hoffman D L, Novak T P. Flow Online: Lessons Learned and Future Prospects [J]. Journal of Interactive Marketing, 2009, 23 (1): 23-34.

[29] Horner J. Creative Industries: Contracts between Art and Commerce [J]. Journal of Economic Issues, 2000, 46 (4): 10.

[30] Iliescu D C. Customer Based Time-to-event Models for Cancellation Behavior: A Revenue Management Integrated Approach [D]. Georgia Institute of Technology Theses-Gradworks, 2008.

[31] Jeon H. The Effect of Experiential Marketing on Customer Satisfaction and Revisit Intention of Beauty Salon Franchise Stores [J]. Fashion Business, 2013, 17 (3): 109-121.

[32] Kim D, Ko Y. The Impact of Virtual Reality (VR) Technology on Sport Spectators' Flow Experience and Satisfaction [J]. Computers in Human Behavior, 2019 (93): 346-356.

[33] Kimes S E, Chase R B, Choi S, et al. Restaurant Revenue Management: Applying Yield Management to the Restaurant Industry [J]. Cornell Hotel & Restaurant Administration Quarterly, 1998, 39 (3): 32-39.

[34] Kimes S, Wagner P. Preserving Your Revenue-management System as a Trade Secret [J]. Cornell Hotel & Restaurant Administration Quarterly, 2001, 42 (5): 8-15.

[35] Kimes S E, Wirtz J. Revenue Management: Advanced Strategies and

Tools to Enhance Firm Profitability ［J］. Foundations & Trends in Marketing, 2015 (8): 1-68.

［36］ Kimes Sheryl E. Perceived Fairness of Yield Management ［J］. The Cornell Hotel and Restaurant Administration Quarterly, 2002, 43 (1): 21-30.

［37］ Koenig M, Meissner J. Risk Minimising Strategies for Revenue Management Problems with Target Values ［J］. Journal of the Operational Research Society, 2016, 67 (3): 402-411.

［38］ Kwon Eui-woong Park, et al. The Effect of Experiential Marketing Operation on Exhibition Satisfaction and Behavioral Intention ［J］. Event & Convention Research, 2012, 8 (2): 23-40.

［39］ La Salle D, Britton Terry A. Priceless: Turning Ordinary Products into Extraordinary Experiences ［M］. Harvard Business School Press, 2003.

［40］ Levin Y, Mcgill J, Nediak M. Risk in Revenue Management and Dynamic Pricing ［J］. Operations Research, 2008, 56 (2): 326-343.

［41］ Libai B, Muller E, Peres R. Decomposing the Value of Word-of-Mouth Seeding Programs: Acceleration Versus Expansion ［J］. Journal of Marketing Research, 2013, 50 (2): 161-176.

［42］ Lin C, Pervan G. The Practice of IS/IT Benefits Management in Large Australian Organizations ［J］. Information & Management, 2004, 41 (1): 13-24.

［43］ Littlewood K. Special Issue Papers: Forecasting and Control of Passenger Bookings ［J］. Journal of Revenue & Pricing Management, 2005, 4 (2): 111-123.

［44］ Lychkina N N. Retrospectives and Perspectives of System-dynamics, Analysis of Dynamics of the SD Development ［M］. Kwamie O.: Dunbar, 2009.

［45］ Marn M V, VRoegner E, C C Zawada. The Power of Pricing ［J］. McKinsey Quarterly, 2003 (1): 26-39.

［46］ Maglaras C, Meissner J. Dynamic Pricing Strategies for Multiproduct Revenue Management Problems ［J］. Manufacturing & Service Operations Management, 2006, 8 (2): 136-148.

［47］ Mathwick C, Rigdon E. Play, Flow, and the Online Search Experience ［J］. Journal of Consumer Research, 2004, 31 (2): 324-332.

［48］ Mccrohan K F, Harvey J W. Current Issues in the Role of Technology in Emerging Market Strategy ［J］. Journal of Transnational Management, 2008, 13 (1): 3-22.

［49］ Mcdonald M W H. Improving Marketing Effectiveness in Digital Age ［J］. Journal of Antimicrobial Chemotherapy, 1983, 11 (5): 467-471.

［50］ Mcgill J I, Van Ryzin G J. Revenue Management: Research Overview and Prospects ［J］. Transportation Science, 1999, 33 (2): 233-256.

［51］ Mitra S. Revenue Management for Remanufactured Products ［J］. Omega, 2007, 35 (5): 553-562.

［52］ Mort G S, Drennan J. Mobile Digital Technology: Emerging Issue for Marketing ［J］. Journal of Database Marketing & Customer Strategy Management, 2002, 10 (1): 9-23.

［53］ Niu D X, Zhang Q. A Robust Revenue Optimization Approach for Power Plant Revenue Management ［J］. Applied Mechanics & Materials, 2013: 373-375, 1784-1787.

［54］ Noone B M, Canina L, Enz C A. Strategic Price Positioning for Revenue Management: The Effects of Relative Price Position and Fluctuation on Performance ［J］. Journal of Revenue & Pricing Management, 2013, 12 (12): 207-220.

［55］ Novak H T P. Marketing in Hypermedia Computer-Mediated Environments: Conceptual Foundations ［J］. Journal of Marketing, 1996, 60 (3): 50-68.

［56］ O'Conor J, Galvin E, Hall P. Marketing in the Digital Age ［A］ // Marketing in the Digital Age ［M］. Financial Times/Prentice Hall, 2000.

［57］ Ogunlana O, Cheng X C. E-marketing and Digital Communications: Implementing an Effective Knowledge Based Targeted E-marketing Campaign ［J］. IEEE, 2009 (6): 3566-3573.

［58］ Ovchinnikov A, Milner J M. Revenue Management with End-of-Period Discounts in the Presence of Customer Learning ［J］. Social Science Electronic Publishing, 2010, 21 (1): 69-84.

［59］ Palmer J W, Eriksen L B. Digital Newspapers Explore Marketing on the Internet ［J］. Communications of the ACM, 1999, 42 (9): 32-40.

［60］ Pinchuk S. Revenue Management's Ability to Control Marketing, Pricing and Product Development ［J］. Journal of Revenue & Pricing Management, 2002, 1 (2): 174-182.

［61］ Pinchuk S. Changing Revenue Management and Marketing Using a New Customer Life Cycle System ［J］. Journal of Revenue & Pricing Management, 2009, 8 (1): 109-111.

［62］ Pine B J, Gilmore J H. Welcome to the Experience Economy ［J］. Harvard Business Review, 1998, 76 (4): 97-105.

［63］ Popescu B I. Revenue Management in a Dynamic Network Environment ［J］. Transportation Science, 2003, 37 (3): 257-277.

［64］ Reiss G. Gower Handbook of Programme Management ［M］. Gower Publishing, Ltd. , 2006.

［65］ Renard D, Darpy D. What Makes Online Promotional Games Go Viral? Comparing the Impact of Player Skills Versus Incentive Rewards on Game Recommendation ［J］. Working Papers, 2017, 57 (2): 173-181.

［66］ Robert G. Revenue Management Hard-Core Tactics for Market Domination ［M］. New York: Broadway Books, 1997.

［67］ Sauro J, Dumas J S. Comparison of Three One-question, Post-task Usability Questionnaires ［C］. Sigchi Conference on Human Factors in Computing Systems. ACM, 2009.

［68］ Schmitt B H, Martínez M. Experiential Marketing ［J］. Journal of Marketing Management, 1999, 15 (1-3): 53-67.

［69］ Sheilagh Mary Resnick, Ranis Cheng, Mike Simpson, et al. Marketing in SMEs: A "4Ps" Self-branding Model ［J］. International Journal of Entrepreneurial Behaviour & Research, 2016, 22 (1): 155-174.

［70］ Shen Z J M, Su X. Customer Behavior Modeling in Revenue Management and Auctions: A Review and New Research Opportunities ［J］. Production and Operations Management, 2007, 16 (6): 713-728.

［71］ Shioda R. Restaurant Revenue Management ［J］. Operations Research, 2003, 51 (3): 472-486.

［72］ Smith B C, Leimkuhler J F, Darrow R M. Yield Management at American Airlines ［M］. Informs, 1992.

［73］Song H, Bang S, Kim J, et al. Development and Validation of Evaluation Framework for User Experience Certification of Customer Goods ［J］. 2019, 38（2）: 83–93.

［74］Stone B, Jacobs R, Booksx I. Successful Direct Marketing Methods: Interactive, Database, and Customer–based Marketing for Digital Age, Eighth Edition ［M］. McGraw, 2008.

［75］Talluri B, Ryzin G . The Theory and Practice of Revenue Management ［M］. Springer US, 2005.

［76］Talluri K T. Revenue Management under a General Discrete Choice Model of Consumer Behavior ［J］. Management Science, 2004: 50.

［77］Talluri K, Van Ryzin G. An Analysis of Bid–Price Controls for Network Revenue Management ［M］. Informs, 1998.

［78］Turow J. Niche Envy: Marketing Discrimination in the Digital Age ［M］. The MIT Press, 2006.

［79］Van Ryzin G, Mcgill J. Revenue Management Without Forecasting or Optimization: An Adaptive Algorithm for Determining Airline Seat Protection Levels ［J］. Management Science, 2000, 46（6）: 760–775.

［80］Vargo S L, Lusch R F . Evolving to a New Dominant Logic for Marketing ［J］. Journal of Marketing, 2004, 68（1）: 1–17.

［81］Vulcano G, Ryzin G V, Maglaras C. Optimal Dynamic Auctions for Revenue Management ［J］. Management Science, 2002, 48（11）: 1388–1407.

［82］Wang X L, Kadi A. Facing the Challenges: Revenue Management in UK Hotels in an Uncertain Time ［J］. Critical Care Medicine, 2012, 28（12）: 3814–3822.

［83］Ward J, Murray P, Daniel D. Benefits Management: Best Practice Guidelines Cranfield School of Management ［R］. Information Systems Research Centre, 1997.

［84］Weatherford L R, Belobaba P P. Revenue Impacts of Fare Input and Demand Forecast Accuracy in Airline Yield Management ［J］. Journal of the Operational Research Society, 2002, 53（8）: 811–821.

［85］Weatherford L R, Kimes S E . A Comparison of Forecasting Methods for Hotel Revenue Management ［J］. International Journal of Forecasting,

2003,19（3）：401-415.

［86］Wiley Blackwell. Business Strategy Review ［J］. Business Strategy Review, 2014, 15（4）：48-51.

［87］Wook Heo Yoeng. The Effect of Online WOM of Menu Product Consumers on Product Perception Risk and WOM Effect ［J］. Journal of Distribution Science, 2020, 18（3）：77-85.

［88］Xu X, Hopp W J. A Monopolistic and Oligopolistic Stochastic Flow Revenue Management Model ［J］. Operations Research, 2006, 54（6）：1098-1109.

［89］Zatta D, Kolisch R. Profit Impact of Revenue Management in the Process Industry ［J］. Journal of Revenue & Pricing Management, 2014, 13（6）：483-507.

［90］Zhang D, Cooper W L. Revenue Management for Parallel Flights with Customer - Choice Behavior ［J］. Operations Research, 2005, 53（3）：415-431.

［91］包文莉. 市场营销发展历程研究［J］. 现代营销（下旬刊），2016（4）：55.

［92］伯恩德·H. 施密特. 体验式营销［M］. 张愉等，译. 北京：中国三峡出版社，2001.

［93］曹芳华，陈娜. 娱乐体验：品牌营销传播的创新［J］. 销售与市场，2011（13）：3.

［94］陈惠雄. 利他—利己一致性经济人假说的理论基础与最新拓展［J］. 学术月刊，2012（12）：78-80.

［95］陈立彬，张晓莉，张景云. 消费者色彩偏好对品牌个性构建的影响［J］. 企业经济，2016（7）：4.

［96］陈丽娜，邬华松，陈石. 我国热带农产品营销优劣分析及体验营销建议［J］. 安徽农业科学，2020, 48（2）：3.

［97］陈亚睿，田立勤，杨扬. 云计算环境下基于动态博弈论的用户行为模型与分析［J］. 电子学报，2011（8）：1818-1823.

［98］陈映林，欧阳峰. 我国消费者对消费者的电子商务市场研究——基于客户、成本、便利、沟通的4C营销理论［J］. 中国流通经济，2008（5）：61-63.

［99］陈志刚．收益管理：航空业价格歧视的实现策略［J］．管理现代化，2003（6）：3.

［100］褚笑清．企业客户档案管理对营销策略影响的创新研究［J］．兰台世界，2016（2）：2.

［101］崔本顺．基于顾客价值的体验营销研究［D］．天津：天津财经大学，2004.

［102］崔国华．体验营销概念及其策略研究［D］．武汉：武汉大学，2004.

［103］崔勇．企业管理激励机制对企业效益的应用探究［J］．经济视野，2013（7）：1.

［104］戴艳清，孙颖博．美国大型公共数字文化项目服务营销探略［J］．图书馆论坛，2018，38（2）：135-140.

［105］董思维，梁美健，王西兵．文化创意企业价值影响因素与增长对策探讨［J］．经济师，2015（2）：73-74.

［106］杜骁．不同类型的网络口碑对消费者购买意愿的影响［D］．上海：华东理工大学，2015.

［107］范秀成，陈英毅．体验营销：企业赢得顾客的新思维［J］．经济管理，2002（22）：6.

［108］菲利普·科特勒．营销管理：分析、计划、执行与控制（英文版）［M］．北京：清华大学出版社，1997.

［109］付波．浅谈企业客户管理对市场营销的影响［J］．今日科苑，2011（10）：2.

［110］高海钦，李玫瑰，崔冠云，杨帅．体验营销提升农产品品牌竞争力的实证研究［J］．湖北农业科学，2020，59（21）：6.

［111］高强，朱金福，陈可嘉．航空收益管理中多航段舱位控制模型［J］．交通运输工程学报，2005，5（4）：4.

［112］郭国庆．市场营销理论［M］．北京：中国人民大学出版社，1999.

［113］国树文．体验式营销在汽车营销中的应用［J］．时代汽车，2018（5）：2.

［114］郝琳．基于 RFID 技术的易逝性产品供应链库存管理研究［D］．成都：电子科技大学，2007.

［115］何青原．基于系统动力学的建设施工项目成本控制研究［D］．武汉：武汉科技大学，2011．

［116］胡杨．项目集收益管理战略模型研究［D］．西安：长安大学，2013．

［117］黄华．21 世纪体验营销路径探索［J］．经济问题，2005（4）：2．

［118］黄小琴．体验经济下的文化创意产品营销策略——以"国学机"的体验营销为例［J］．企业经济，2017，36（11）：5．

［119］贾国柱，王相丽．基于系统动力学的供应链中销售商行为研究［J］．工业工程，2009，12（2）：56-59．

［120］科特勒．营销管理（第 2 版）［M］．宋学宝，卫静，译．北京：清华大学出版社，2003．

［121］李光明，钱明辉，苟彦忠．基于互动导向的体验营销策略研究［J］．经济体制改革，2010（1）：6．

［122］李妙怡．成本控制对企业经济效益的影响［J］．财经与管理，2020，4（2）：3．

［123］李任璇．文化经济思维视角下的借势营销［J］．艺术科技，2016（6）：1．

［124］李嵘．把营销作为用户体验的一部分［J］．现代广告，2016（1）：16．

［125］李姗．第三种顾客价值和体验营销［J］．哈尔滨学院学报，2005，26（9）：4．

［126］李田．文化创意企业价值影响因素研究［J］．商业文化，2014（26）：1．

［127］李伟．体验营销在古镇旅游中的应用 ——以成都地区为例［J］．现代商业，2016（32）：2．

［128］李艺，王力立，袁峰．顾客个人价值偏好取向探究［J］．沈阳工业大学学报，2015，8（3）：248-254．

［129］李子婕．中国市场营销发展趋势探索［J］．统计与管理，2017（11）：2．

［130］厉无畏．创意产业导论［M］．上海：学林出版社，2006．

［131］林新奇．时间管理：从效率到效益［J］．企业科技与发展，

2007（13）：13-14.

［132］刘大忠，黄琨，吴青艳．浅谈体验营销［J］．科技创业月刊，2006，19（5）：2.

［133］刘洁灵．体验营销助力打造旅游爆款［J］．现代企业，2020（1）：2.

［134］刘立．数字化商业时代的市场营销［J］．中国软科学，1999（6）：50-51.

［135］刘立．Web 环境下的市场营销创新［J］．中国软科学，2000（2）：80-82.

［136］刘欣梅．以体验营销为核心的餐饮 O2O 应用研究［J］．经济研究导刊，2014（10）：79-80.

［137］刘秀莉．连锁餐饮企业体验营销形成机理与实施策略［J］．商业时代，2014（20）：52-53.

［138］罗国民．中国市场营销发展趋势探索［J］．南开管理评论，2000（2）：7.

［139］吕绍昱．关于"经济人假说"的文献综述［J］．财经政法资讯，2007，23（1）：4.

［140］米哈里·契克森米哈顿．心流：最优体验心理学［M］．张定绮，译．北京：中信出版社，2017.

［141］苗泽华，薛永基，吴莉．文化营销+体验营销——创造中国茶馆营销新模式［J］．中国市场，2005（11）：1.

［142］缪建洪．基于收益管理的组合预测研究［D］．杭州：浙江大学，2006.

［143］孟波，张旭英．企业网络体验营销中 SHUP 模式与 FTAR 行为的关联性分析［J］．长沙铁道学院学报（社会科学版），2014（3）：17-18.

［144］孟慧霞．4Ps 营销组合理论的演进及争论解析［J］．山西大学学报（哲学社会科学版），2009，32（4）：56-61.

［145］欧瑞秋，王则柯．图解经济博弈论［M］．北京：中国人民大学出版社，2012.

［146］潘永昕，成学真．体验营销——企业营销新模式初探［J］．广东经济管理学院学报，2003，19（5）：76-80，84.

［147］佩罗特，麦卡锡．基础营销学［M］．上海：上海人民出版社，2006.

［148］阮仪三．论文化创意产业的城市基础［J］．同济大学学报（社会科学版），2005，16（1）：3.

［149］Stern L W，El-Ansary A I，Coughlan A T．市场营销渠道［M］．北京：清华大学出版社，2001.

［150］佘高波．解析市场营销模式演进历程与发展趋势［J］．集团经济研究，2005（20）：92.

［151］沈健，姚丹．企业体验营销策略研究［J］．今日财富，2020（5）：109-110.

［152］沈巧雯．体验营销的最佳典范——星巴克咖啡［J］．管理现代化，2005（4）：3.

［153］施若，顾宝炎．收益管理理论基础问题研究综述［J］．改革与战略，2009，25（1）：207-209.

［154］石一辰，陈宏丽，杨爱华．基于项目集管理的收益管理研究［J］．项目管理技术，2009（9）：26-30.

［155］孙飞，姜洪雷，刘淑坤．企业成本与企业效益的关系研究［J］．黑龙江交通科技，2007，30（10）：89-90.

［156］孙丽燕，高金田．数字化营销的特点及其对企业营销行为的影响分析［J］．对外经贸，2007（4）：80-82.

［157］唐新玲，陈佳，马海景．奢侈品品牌体验营销案例与影响效应研究——以 Gucci 为例［J］．丝绸，2021，58（10）：8.

［158］唐·舒尔茨，史丹立·田纳本，罗伯特·劳特朋．整合行销传播［M］．北京：中国物价出版社，2002.

［159］涂荣庭，葛景瑶，冯文婷．参照群体对正面口碑效果的调节作用［J］．企业经济，2018，37（10）：7.

［160］汪明霞．收益管理：一种提高海运企业经营绩效的新方法［J］．物流科技，2005（5）：35-37.

［161］汪涛，崔国华．经济形态演进背景下检验营销的解读和构建［J］．经济管理，2003（20）：7.

［162］王安琪．服务型企业体验营销战略研究［D］．北京：北京工业大学，2006.

［163］王其藩．系统动力学理论与方法的新进展［J］．系统管理学报，1995（2）：6.

［164］王乔冰．项目风险管理在企业经济运营管理的应用［J］．财经界，2020（14）：2.

［165］王书岗．体验营销理念在企业营销策略中的应用［D］．兰州：兰州交通大学，2015.

［166］王业祥．基于体验式营销的女性消费市场拓展［J］．商业经济研究，2019（10）：63-66.

［167］王永贵，王帅，胡宇．中国市场营销研究70年：回顾与展望［J］．经济管理，2019，41（9）：18.

［168］王云峰，刘璞，于树江．21世纪市场营销演进的新趋势［J］．管理世界，2004（12）：144-145.

［169］魏立尧，陈凯．产品概念创新营销［J］．华东经济管理，2005，19（8）：105-107.

［170］魏鹏程．体验营销下的现代阳台蔬菜种植的市场推广［J］．山西财政税务专科学校学报，2016，18（1）：3.

［171］吴思远．浅谈星巴克的体验营销模式［J］．对外经贸，2012（8）：2.

［172］肖必燕．论新媒体环境下的创意营销［J］．经营管理者，2016（28）：286-287.

［173］肖苏．基于体验营销理论的苏州"老字号"餐饮企业营销策略研究［D］．苏州：苏州大学，2009.

［174］谢利坤．服装销售的体验式营销研究——评《纺织服装营销学》［J］．上海纺织科技，2019，47（6）：65.

［175］谢婉欣．体验营销——更为新颖的营销模式［J］．经济管理，2002（23）：3.

［176］熊学慧．"体验营销"创造全新盈利模式［J］．企业家信息，2004（5）：2.

［177］熊元斌，王娟．旅游服务的体验营销研究［J］．商业经济与管理，2005（9）：6.

［178］信国芹．ATO模式下基于收益管理的库存及能力分配策略研究［D］．上海：上海交通大学，2012.

［179］许峰．改善存货管理 提高企业效益——中小企业存货管理存在的问题与对策［J］．中国高新技术企业，2011（4）：151-152.

［180］许光清，邹骥．可持续发展与系统动力学［J］．经济理论与经济管理，2005（1）：69-71.

［181］徐令．自媒体视野下的广告创意的发展策略［J］．美术大观，2017（5）：112-113.

［182］杨洁．创意元素传播对创意营销效果影响的实证研究［D］．福州大学，2011.

［183］杨思梁，刘军．关于航空客运收益管理的一些基本概念［J］．民航经济与技术，1998（4）：37-41.

［184］杨伟文，张卓琳．市场营销中的4Ps组合［J］．政策与管理，2002（1）：43-47.

［185］杨学成，徐秀秀，陶晓波．基于体验营销的价值共创机理研究——以汽车行业为例［J］．管理评论，2016，28（5）：9.

［186］约翰·霍金斯．创意经济：如何点石成金［M］．洪庆福，等译．上海：上海三联书店，2006.

［187］张江波．体验营销的实施路径［J］．企业改革与管理，2006（8）：2.

［188］张世举．体验营销的本质内涵及其运行模式［J］．商业研究，2005（19）：3.

［189］张旭梅，李国强，张翼，等．供应链中供应商订单分配的不完全信息动态博弈研究［J］．管理学报，2006，3（5）：519.

［190］张亦梅．新时代赢得竞争优势的新战略——体验营销［J］．中国集体经济，2004（1）：3.

［191］赵婷婷．餐饮业体验营销策略探讨［J］．现代经济信息，2011（11X）：1.

［192］郑锐洪．体验营销的实施模式与成功要素研究［J］．企业经济，2008（6）：82-85.

［193］郑云虹，田海峰．EPR激励机制研究——基于动态博弈的视角［J］．工业技术经济，2011（12）：24-30.

［194］钟德强，仲伟俊，罗定提，等．企业内部激励机制与兼并效应［J］．系统工程学报，2004，19（4）：378-386.

［195］周晶，杨慧．解析收益管理的核心观点［J］．经济管理，2008（14）：22-25.

［196］周涵．目标追逐阶段下品牌的群体标签对消费者购买意愿的影响研究［D］．广州：暨南大学，2019.

［197］周鸿铎．市场营销策略［M］．北京：中国发展出版社，1998.

［198］周勇．数字化营销的未来值得期待［J］．企业家信息，2020（4）：2.

后　记

21 世纪以来，科学和技术以突飞猛进的速度发展，为体验营销的发展提供了便利的技术支撑，但在全球范围内数字化进步的当下，消费者认知提升，中国本土体验营销企业也亟须拓宽体验营销链条，在数字背景下发展与时俱进的新模式和新路径。

心流的概念，最初源自 Csikszentmihalyi 于 20 世纪 60 年代对艺术家、棋手、攀岩者及作曲家等的观察，他观察到当这些人在从事他们的工作时几乎是全神贯注地投入，经常忘记时间以及对周围环境的感知，这些人参与他们的个别活动都是出于共同的乐趣，这些乐趣是来自活动的过程，而且外在的报酬是极小或不存在的，这种由全神贯注所产生的心流体验，Csikszentmihalyi 认为是一种最佳的体验。

场域心流叙事理论是由国内知名创意体验营销服务企业中嘉集团创造的一套体验式营销叙事方法论。通过提炼品牌的主情感，串联情感路线图，用技术推动艺术场景，打造一个多维度场域系统。以数字、技术为手段，以立体结构+体验+五感塑造出"矛盾交织"的情境，通过物理与虚拟场域的融合，构筑出一个具有心流体验感的混合场域。就像法国后现代哲学家得勒兹所说的，艺术与科学是异质同体的，相互交织产生动态的流变与异质体的结合，既产生科学性的实验，也创造了新的美学观。在科技的理性之上，通过艺术唤醒感性知觉，二者构建出情境，其身临其境的表达、沉浸式的体验感，会触动受众内心，引起联想、感知和情感波澜，再由美感经验造成感官错觉，在交互中把自己的情感映射到所体验到的事物中，赋予其新的思想和内涵，最后达成情感共鸣。

在数字化背景下，场域心流叙事理论具有很强的实用性。它结合传统媒介与数字化技术滋生出新触点，是一种具有无限塑造性的意识形态，能够友好包容地适应多变的项目类型，如水入器般巧妙契合多类体验营销项目，为企业主带来强有力的营销优势。它以科学、严谨的营销管理过程为基础，在与各种营销组合工具密切配合的过程中，达到促进销售、占领市场等目的。在特定场域中，消费者得到良好、舒适的品牌体验，在不同情境下达成的超现实时空感受，震撼五感，沉浸其中，进一步加深对品牌的认知与了解，使品牌故事深入人心，占据心智的同时达成转化目标，企业主也因此得到直观的销售额增长，实现体验营销企业收益最大化。

　　本书在明确各类项目对体验营销企业收益的影响因素及如何利用企业收益管理模型使体验营销企业收益达到最大化的基础上，选取并应用了场域心流叙事理论的典型案例进行研究，同时结合构建的不同类型的体验营销企业收益管理模型进行分析，希望能给体验营销企业一些帮助和思考，具体应用需要结合不同体验营销企业各自实际不同的情况，选择合适的方法和技术手段进行实践。